“抵御外侮——中华英豪传奇”丛书

丛书主编　张海鹏

太行英雄

左权

胡兆才◎著

南京出版传媒集团
南京出版社

图书在版编目(CIP)数据

太行英雄左权/胡兆才著. —南京:南京出版社,
2016.10
(抵御外侮:中华英豪传奇)
ISBN 978-7-5533-1407-5

Ⅰ.①太… Ⅱ.①胡… Ⅲ.①左权(1905—1942)—
传记 Ⅳ.①K825.2

中国版本图书馆 CIP 数据核字(2016)第 136617 号

书　　名　太行英雄左权
作　　者　胡兆才
出版发行　南京出版传媒集团
　　　　　南 京 出 版 社
社址:南京市太平门街 53 号　邮编:210016
网址:http://www.njcbs.cn　电子信箱:njcbs1988@163.com
联系电话:025-83283893、83283864(营销)　025-83112257(编务)

出 版 人　朱同芳
出 品 人　卢海鸣
责任编辑　张　龙
装帧设计　王　俊　王　敏
责任印制　杨福彬

排　　版　江苏凤凰制版有限公司
印　　刷　江苏凤凰通达印刷有限公司
开　　本　787 毫米×1092 毫米　1/32
印　　张　4.625
字　　数　70 千字
版　　次　2016 年 10 月第 1 版
印　　次　2022 年 8 月第 4 次印刷
书　　号　ISBN 978-7-5533-1407-5
定　　价　18.00 元

上架建议:教育·历史

总　序

在中华民族的历史上，沿海倭寇的肆意袭扰，西方列强的坚船利炮，侵华日军的烽火狼烟，一次又一次将中华民族推向生死存亡的边缘，给中华民族带来了深重的灾难与难以磨灭的痛苦记忆。中国从一个封建国家演变为一个半殖民地半封建国家。国运危亡，威胁着每一个中国人。

天下兴亡，匹夫有责。抵御外侮，救亡图存，成为面临外敌入侵、民族危亡时中国人思考的第一课题。也正是在这样的危难时刻，中华民族产生出一个又一个舍生取义、矢志报国的英雄豪杰，他们一回又一回地挽狂澜于既倒，扶大厦于将倾。他们的丰功伟绩，不只是单纯地拯救了某个王朝，某个皇帝，而是拯救了整个中华民族的血脉与希望；正像我们的国歌所唱的那样:把我们的血肉铸成我们新的长城,他们的奋斗和牺牲,把中国的历史命运一次一次推向一个进步的新阶段;他们的高风亮节,不只是中华儿女景仰、学习的榜样,也是人类不屈不挠、英勇抗暴精神的象征。抗敌御侮的英雄事迹,构成了中华优秀传统的新的篇章。

中华民族没有在外敌面前屈服、倒下,而是在一次一次斗争后走向新生,走向进步。作为唯一延续至今未曾中断过的中华文明不断在成长,中华民族依旧傲然挺立于世界民族之林,中华民族的文化传统,不仅没有消逝在历史长河之中,反而发扬光大,成为造就中国特色社会主义的基本历史因素。

为了歌颂中华英豪的爱国精神,为了纪念中国人民抵御外侮的伟大事迹,为了弘扬优秀的传统文化,南京出版传媒集团·南京出版社推出"抵御外侮——中华英豪传奇"丛书。

这套丛书是面向青少年的普及性读物,聘请各有所长的学者撰写,力图用生动活泼的语言,引人入胜的故事,准确的历史事实,努力展现明清以来各个时期抵御外侮的英雄豪杰的事迹,描绘每一位英豪的成长历程和闪光人生，再现了他们人生的不朽光辉。丛书通过这些在抵御外侮中发挥重大作用的英雄人物，向广大青少年表达了中华民族热爱和平、热爱祖国的家国情怀。

如今，我们正走在中华民族复兴的伟大征程之上，国家发展前程似锦，国际地位日益提高，全世界的目光都在转向中国，可以说，今天的中国距离中华民族复兴的伟大梦想，比以往任何时候都更为接近了。越是在这种时候，我们越是要记住为实现中华民族伟大梦想而奋斗、而牺牲的先烈；在我们昂首阔步走向未来新征程的路上，我们更应该居安思危、以史为鉴。历史已经证明：每一段抵御外侮的历史，都是一段维护正义的历史；每一场抵御外侮的斗争，都是一场维护和平的斗争；每一次抵御外侮的奋斗，都是一次为了实现人民美好生活的奋斗，正义终将胜利，和平终将胜利，人民终将胜利。

“抵御外侮——中华英豪传奇”丛书在传播正能量、弘扬爱国主义情怀的同时，提醒我们，在和平时期，抵御外侮的精神同样不可或缺，抵御外侮的英豪也同样不应遗忘，我们今时今日所有的成就与繁荣，离了这种精神、这些英豪，都是万万不可想象的。

“抵御外侮——中华英豪传奇”丛书，不只是为了缅怀先烈，更是为了激励后人；不只是为了铭记历史，更是为了展望未来。

为青少年编写历史小丛书，是一项崇高的事业。20 世纪 50—60 年代，吴晗主编了《中国历史小丛书》《世界历史小丛书》，对当时的青少年起到了历史教育的奠基作用，事实证明是成功的出版经验。我期待南京出版社继续努力，把这个崇高的事业承担起来，拓展开来。为这个崇高的事业投入人力、物力和财力，是会得到善报的，这个善报，不在多少金钱，而在一代一代具有丰富历史知识的青少年的成长，他们将成为国家的栋梁。

张海鹏

（中国社会科学院学部委员、中国史学会原会长）

目录

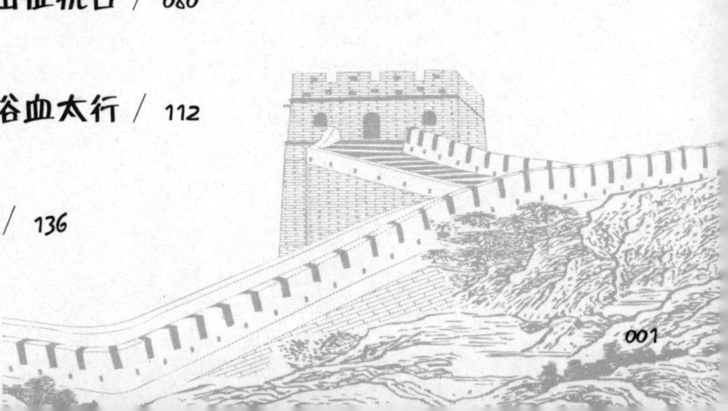

引　言

从远古到当今，中华民族经历数千年历史，人们很难关注所有的人和事，但是，有一个人的名字，所有八路军老战士和山西太行山的老百姓，都不会忘记。他的英雄事迹深刻在人们的脑海里，也将永远被人们传颂。他就是被称为太行英雄的左权。

左权的一生富有传奇色彩。左权 1905 年出生于湖南醴陵的黄猫村。他出自农村，与很多名人相似，通过读书走出了小山村。1924 年在黄埔军校学习，由陈赓介绍、周恩来批准加入中国共产党。1925 年赴苏留学，与刘伯承、邓小平及蒋经国是同窗。1930 年回国到了中央苏区工作，先后担任新十二军军长、红五军团十五军军长兼政委、中央军委一局局长、红一军团参谋长，参加了中央苏区历次反“围剿”。1934 年 10 月参加了长征，并参加指挥抢渡大渡河、攻打腊子口以及直罗镇、东征等著名战役战斗。1936 年 5 月担任红一军团代理军团长。1937 年 7

月 7 日，全国抗战爆发，年仅 32 岁的左权担任了八路军总部副参谋长，辅佐朱德、彭德怀运筹指挥八路军抗战。面对装备精良、强大凶残的日军，他扬游击战之长，伏击、截击双管齐下，破坏敌人的交通线，切断日军的增援，使日寇一次次“扫荡”、围攻阴谋化为泡影。带领总部转移途中，或指挥其他战役中，常常遇到多己十倍百倍的敌人，他总能急中生智，设巧计，虚张声势退敌兵。遇到敌人多路“扫荡”围攻，他能专打一路，或诱敌深入打歼灭战，或摆下“迷魂阵”，以一当十，以守为攻，以变应变，与敌人斗智斗勇，黄崖洞保卫战创造了以少胜多的奇迹。总部危急时刻，他下死命令，派精干人马保护彭德怀突围，可他却站在最危险处指挥总部人员和部队大突围，同志们都安全转移了，可他却被敌人的炮弹夺去了年轻的宝贵生命。

37 岁的年龄，正是斗志旺盛的年龄，是生命最宝贵的年龄，对于左权正是为党为军队做贡献的年龄，但他的生命却画上了句号。他的生命如此之短暂令人痛惜。但是他是一个卓越的将军，一名忠贞的共产党员。八路军老战士和太行山的人民永远怀念他。

左权是一个永远光辉的人物，是人们永远怀念的英雄。

第一章　求学岁月

喜欢打破砂锅问到底的苦孩子

1905年3月，湖南省醴陵县黄猫村，春树萌芽，春花怒放。这个月的15日，村东边一处院落中传出一阵响亮的啼哭声。

这个呱呱坠地的男婴就是左权。

左权的出生，在这个一向平静的小山村引起了一阵躁动，一位好事的大妈听到啼哭声，开门问一位邻居："谁家生了个娃?"耳尖的邻居大妈答道："你没听出来？哭声是从奉球家传出来的。"

婴儿的父亲正是左奉球。左家世代辛勤耕耘，却始终没有摆脱贫困的境遇，一直在食不果腹、衣不遮体的困苦中打发岁月。按湖南农村习俗，多一个儿子多一份福，多子即多福。而左权的出生，并没给左家带来太多的惊喜。因为左奉球已有 4 个儿女，现在多了一个人，生活将更加艰难。

左奉球租种 13 亩田，每年农田收获季节，除去交租子、苛捐杂税，所剩无几，一年四季全家吃不上一顿饱饭。多生一个孩子，便意味着多一张要吃要喝的嘴。

由于贫困多病，左权出生后的第二年，左奉球便因病去世，年仅 34 岁。接着左权的几个哥哥也先后饿死。左家全靠左权母亲在支撑着，宛如一艘乌篷船随风在苦海无边的岁月江河中飘荡。

左权母亲张氏，白天下地干农活，晚上坐在木制的手工织布机上辛劳地织布。当左权会走路时，就跟着母亲到离家十几里的小镇上去，将织的布换成钱，买回盐、洋油、火柴等生活用品。左权四五岁时，就帮母亲做家务，干农活，拾柴火，割猪草。

1924 年 4 月，左权在广州湘军讲武学校参加“莲社”时留影

左权 7 岁那年，看见一些小伙伴们背着书包上学堂，就向母亲恳求，说他也要去上学读书。母亲一边心酸地抹着

眼泪，一边哽咽着说：“儿啊，读书是要钱的，你看咱家天天喝粥，穷得穿不上新衣，怎么有钱供你上学读书呢？”懂事的左权再不吭声了。

左权的叔叔左铭三为人正直，毕业于长沙师范学校，是拥护共和的优秀知识分子，他拥护孙中山的革命主张。左铭三时任渌江中学的教员，左权非常敬仰他，左铭三得知左权想读书，一方面劝说左权的母亲支持左权读书，另一方面设法资助左权。

左权是个懂事、善于动脑的孩子。他对叔叔的善意深表感谢，但第一笔学费他想靠自己的双手挣出来。一个 7 岁的孩子怎么挣钱呢？母亲、叔叔问他，他却神秘地说：“保守秘密。”

几天后就过年了，湖南农村过年有玩狮子舞的传统习俗。左权约了七八个小伙伴，到邻村学习舞狮子。这些聪明的孩子一学就会。回到村子立即做道具，并分工做各种准备。不到 3 天，他们的工作一切就绪。表演时的分工是其他小朋友舞狮子，左权负责敲鼓唱舞狮歌。大年初一，家家户户在阵阵鞭炮声中开门迎新年，左权便领着舞狮队首先到一户有钱的人家门口，随着左权一声“开始”的口令，几个小伙伴们便认真地舞起狮子，左权边指挥边放开嗓子唱起来：“狮子头上一点绿，一点绿，多谢财主呜爆竹。爆竹落地就开花，一发财来二发家。”那户人家听到这里，连忙进屋拎出一袋米给左权，左权一边鞠躬，一边笑眯眯地收下了。

左权和小伙伴们在这家门前舞完了狮子舞，又换到另一家有钱人家的门口，重复地舞起来。在一家门口，他见这家的女主人抱着个娃娃，笑眯眯地看他们舞狮子，左权即兴唱起来：“狮子头上一点青，一点青，我把后生赞分明，你一岁两岁怀中抱，三岁四岁进学堂，十一二岁做文章，十五六岁金榜得头名。”

女主人讨了个好彩头，笑得乐弯了腰，连声说，我家宝宝长大读书中状元啦！然后兴冲冲地回屋拿出一把银圆递给左权。本村演完了，他们又到外村去演，一连五六天下来，左权和小伙伴不仅有了当年的学费，而且以后几年读书的费用都筹到了。

1912 年 3 月 1 日，左权就和村子里的小伙伴一样背着书包，迎着初升的太阳去私塾读书了。左权进了学堂，打量一番，只见屋子里摆着两张桌子，一张供着孔夫子的牌位，另一张是先生的教书桌。教书桌上摆放着一根藤条。左权听小伙伴说过，那藤条是用来打一些调皮的学生和一些背书背不出来的学生的。左权和新来的同学看着藤条，不禁流露出一丝恐惧的目光。

按惯例，左权和新来的同学先朝先生行礼鞠躬，尔后拿着新发到手的书本走到座位上。第一天上新课，先生先把课文念了一遍，又领着学生念一遍，之后就让学生反复念。先生也不讲课文的意思和每个字的含义，而是到另一房间里抽烟喝茶去了。第二天上课，先生就要学生们一个挨一个地站起来背课文。如有谁背得结结巴巴的，或有漏字漏句的，免不了被先生的藤条抽几下。

左权每次都能背得滚瓜烂熟，从来不挨打，还时常得到先生的表扬。但左权对死记硬背的学习方法很不赞同，他对母亲说了自己的看法。母亲也同意他的想法，说花钱读书光会背而不懂书中的意思有什么用？她教左权，要在先生高兴的时候将不懂的课文告诉先生，向先生请教课文的意思。她提醒左权要注意方式方法，不要惹先生不高兴。第二天，先生上完课后，习惯性地走向另一个房间。左权按母亲的教诲，跟在先生的后面，当先生坐下来后，左权向先生鞠了三个躬，面带微笑说："先生，《百家姓》中的赵钱孙李，周吴郑王，我知道是指姓氏，但《三字经》中'人之初，性本善'我不太理解，如果照书中说的'人之初，性本善'说来，那小偷、强盗等坏人是哪里来的呢？"先生听他这样问并不生气，说："左同学，你读书喜欢动脑，喜欢打破砂锅问到底是好的，求学问就要有这种精神。学问学问，光学不问是没有收获的。”先生对左权一番赞扬之后，又对左权说，“人之初，性本善，这个问题我也在研究，而且很多大学问家也在争论这个问题。我想，人从娘肚子里出来，既不善也不恶，是后来成长过程受到家庭、社会及朋友亲戚的影响变成了坏人或好人。”左权受到启发，拍着脑门说：“先生，我好像明白了，你的意思是不是近朱者赤，近墨者黑。好苗如果长期在污水中也会烂掉。”先生对他的理解表示赞同，点点头。

左铭三得知左权对私塾的教学方法很不满意，便指导他考入了陈家冲成城小学。这个学校设有国文、算术、常识、歌咏、手工等课程。左权觉得在这里比起“之乎者也”的私塾新鲜，的确能学到很多知识，学得更有兴趣，因此他更用功了。

1921 年，左权以优异成绩考入县立渌江中学。这个学校的前身为渌江书院，与岳麓书院、船山书院同为湖南省的著名学府。老师资格老、有学问，校风也好，治学态度严谨，清代名将左宗棠曾在这里就读、执教。左宗棠之后，渌江书院还培养了许多名臣名将。渌江中学在教学上保留和发扬了渌江书院治学严谨的传统和风格。全校学生 150 人，分 3 个年级，每个年级 1 个班。教员大多是留美、留日的，教得都很认真，史、地、国文 3 门功课都有

小贴士

左宗棠，湖南湘阴人，生于1812年，1832年中举人，曾先后充当湖南巡抚张亮基的幕僚，后随曾国藩镇压太平天国。1860年9月到湖南募兵，称为楚军。他率楚军入浙镇压太平天国有功，升为闽浙总督。1868年之后镇压捻军、回军。在闽浙总督任上筹建福州船政局，取得创办军火工业经验，是中国近代洋务派成员。1875年率大军进军新疆，击败阿古柏。1881年任军机大臣、两江总督。1885年卒于福州，时年73岁。

作业本，教完一节新课，在听懂的前提下认真辅导作业。左权坚持不懂就问的习惯，内容反复念几遍后，自己梳理哪些问题已懂，哪些不懂，再请教老师。

有一次，左权的国文作业没得到满分，他不理解，便跑到老师办公室去问任课老师阳兆鹏，阳兆鹏严肃地说："你为何没得满分原因你不知道吗？做作业不仅仅要圆满解答问题，而且字要写得正规，你的字写得马虎，太草太难看了。横竖笔画要直，写字要规范，先练正楷后学草书。”说着，他捧出文房四宝，提笔亲自示范，还说：“大书法家王羲之临池学书，池水尽墨，字无百日功，天天练，练一段时间，就会改正原来的错误笔法。”

练书法、写好字是要有条件的，就是要有大量笔墨纸张，穷人家的孩子哪来这么多钱买纸和笔呢？左权没有这些条件。但他清楚老师的意见是对的，必须把字练好。他走到校门口，看到不远处有一股山泉，泉水流到池塘里。他想，老师所说的大书法家王羲之的例子，自己也可以学啊，泉水就是用不尽的墨水，石头就是用不完的纸张。第二天一早，人们发现在淡淡的晨雾中，有一青年在泉水边用猪毛扎的笔，以青石板为纸，蘸着泉水一笔一画地练字。此人就是左权。一个多月后，老师在他的作业本上画的红圈越来越多，有两次还将他的作业贴在黑板上，让同学们欣赏学习。

1955 年被授予中国人民解放军上将军衔的宋时轮是醴陵人，是左权的同班同学。一天，他递给左权一本《新青年》杂志，要左权有空翻翻。左权回到宿舍，一口气看完后找到宋时轮，兴奋地说：“这本杂志说的道理太好了，我一字不漏地全看完了，俄国的十月革命道路是我们中国的明天。我估计中国的无产阶级革命不会太远了。”

宋时轮是个进步青年，很早就是共产党外围组织成员，不久在学校加入了中国共产党。之后，左权在他的引见下也加入了中国共产党的外围组织社会科学研究会。

左权在这个研究会不仅阅读《新青年》，还阅读了《向导》《富国强兵》等进步刊物和书籍，懂得了国家穷、百姓苦是帝国主义的欺凌和国内旧政府的压迫造成的，认识到自己也有改造社会推翻旧制度的责任，萌生了探索和寻求救国救民真理的强烈愿望。此时的左权具有了忧国忧民的赤子情怀。

在黄埔从学员升为连长

时光飞逝，转眼间，左权已经 18 岁了，正是风华正茂的年龄。他总想着如何报效祖国。此时幸运之神正悄悄地走向这位热血青年，给了他实现梦想的机会。

一天晚饭后，他正在宿舍边的小路上散步，宋时轮跑了过来，对他说，有好几位同学相约到江边的状元洲去游玩，同时要讨论一件重要的事情。此事关系到同学们的将来，问他去不去。左权点点头，跟着宋时轮就走。

宋时轮拉着左权的手，快步来到江边。果然有七八位同学已先行到达，正聚在一起商量着什么话题。宋时轮和左权到了，大家便上了一条小船，行驶到状元洲后，宋时轮告知大家一个最机密的消息：广州大元帅府军政部长程潜派人来醴陵招收陆军讲武堂学生，并问大家想不想去。有人问，陆军讲武堂学些什么？毕业后干什么？宋时轮告诉大家，陆军讲武堂是培养军官的学校，毕业后分配到部队率部作战，保国保民。大家听后十分激动，都表示，自鸦片战争以来，国家一直处于挨打地位，有志向的年轻人，应该去讲武堂，学习保国保民的本领。左权首先表态说："我去，这是一个极好的机会，我决不会放过的。"他的话音一落，大家纷纷响应。

1923 年 12 月，左权和十几个同学告别了家乡和母校，徒步到了阳三石东站，然后坐火车到达长沙，转车到汉口、上海经香港抵达广州，开始了他一生的军事生涯。

陆军讲武学堂位于广州小登峰路广东陆军医院旧址，校长由军政部部长程潜兼任，教育长由从陆军士官学校毕业的李明灏担任。左权初来，参加了一段时间的建校工作，1924 年 3 月参加了开学典礼。开学这天，400 名学员一律着草绿色军装，头戴无檐帽，个个精神抖擞。程潜主持开学典礼，并作了重要讲话。左权从程潜的讲话中，了解了这所学校是孙中山听取苏联代表马林提出创办军官学校的建议而创办的。孙中山深切地体会到，清政府被推翻后，各地军阀纷争地盘，自己尝到没有枪杆子的痛苦，革命成功必须掌握武装。当时孙中山创建的广东革命根据地，面临众多军阀的挑战，北有吴佩孚，东有陈炯明。归广东革命政府领导的滇军、粤军、赣军、桂军都是收税能手，打仗是外行。孙中山要掌握军权，必须兴办军官学校培养军事人才。

第一期学员编为4个队，文化程度高的中学生编为一、二队，由从湘军、滇军招来的下级军官和士兵编为三、四队。左权在第一队第一区队，学校实施军事化管理，课程以军事理论为主，同时学习步兵操练、射击教程、野营勤务以及战术、兵器、架桥工程等科目。左权从小就立志报国，讲武学校正是学习报国本领的好地方，他发誓要珍惜分分秒秒，集中精力学好所有课程。他门门功课都是优秀，而且操练步伐或做射击、刺杀或搞班排战术动作，教员都要左权作示范，成为区队和学校的标兵。

同年6月初，左权、宋时轮等一些湖南籍的同学得知孙中山创办了黄埔军官学校，此校完全仿照苏军建军原则和作战经验培养干部，经费和教官、枪械得到苏军的支持。其中一些教官如叶剑英、聂荣臻、恽代英都是共产党委派的，这是一所中国最新型的革命军校。左权、宋时轮

黄埔军校旧址

等一批热血青年被深深地吸引了，1955 年被授予中国人民解放军大将的陈赓在学校最活跃，他最先喊出：“好消息，黄埔军校成立了，有志气的到黄埔去！”“到黄埔去！”一时间成了讲武学堂最流行的口号。

陈赓首先退出讲武学堂，考入黄埔第一期。不久左权随全校并入黄埔军校。左权被编进第一期六队。师生们天刚亮就起床，接着是早操、洗漱、整理内务。每日三操四讲，课程多，生活节奏相当紧张。左权曾在讲武学校受过严格训练，很快就适应了。

军校训令中规定社会主义、马克思主义等书籍都可以阅读。左权除了政治课阅读的《三民主义浅说》《帝国主义》《国民革命概况》外，还阅读了《苏联研究》《社会进化史》《社会主义原理》等书籍。左权刚入黄埔军校，中共中央派往军校主持政治工作的周恩来也来到了军校。周恩来到达的第二天，陈赓便带着左权来见他，周恩来听陈赓介绍了左权的思想和学习状况后，高兴地对左权说："中国革命任务繁重，要打倒军阀和列强，很需要像你这样的热血青年，你要好好学军事。"

小贴士

黄埔军校，1924 年 5 月，由中国共产党倡议并受共产国际帮助，国民党在广州建立了黄埔陆军军官学校（通称黄埔军校）。孙中山兼任军校总理，蒋介石任校长，11 月周恩来任政治部主任，共产党人恽代英、萧楚女、聂荣臻等担任政治军事教学工作。军校有步兵、炮兵、工兵、辎重兵、通信兵、战车兵等科。至 1927 年军校一至四期的毕业生共四千余名。

左权牢牢地记住了周恩来的教导，学习更加努力。1925 年 2 月，经周恩来考察，中共黄埔支部批准，由陈赓、周逸群介绍，左权加入了中国共产党，时年 20 岁。

广东革命政府考虑到黄埔军校的学生随时可能上前线作战，于 1924 年的 12 月，下令军校仿效苏军建制，将军校师生编为教导一团、二团。两个团的中下级军官多数由军校教官和学员担任，士兵则是新招来的。左权被分到教导一团一营六连任排长。

小贴士

陈赓，湖南湘乡人。生于 1903 年，1922 年加入中国共产党。黄埔军校第一期毕业。1927 年参加八一南昌起义。曾任中国工农红军四方面军师长、军参谋长和红军学校校长。长征中任红军干部团团长。抗日战争时期，任八路军第一二九师三八六旅旅长和太岳纵队司令员。解放战争时期，任第二野战军纵队司令员、兵团司令员。新中国成立后，历任西南军区副司令员、云南军区司令员、云南省人民政府主席、志愿军副司令员。1954 年任副总参谋长、1959 年任国防部副部长。1961 年 3 月在上海病逝。

1925 年元旦刚过，盘踞在惠州、潮州、汕头地区的陈炯明部，趁孙中山北上商定国是的机会，由博罗、石龙、石滩一线向广州攻击。为保卫广东革命根据地，广东革命政府下令教导一团、二团组成东征军向东作战。军校两个教导团也加入右路军行列作战。1月中旬，东征军开拔，直指虎门、东莞、石龙，淡水城的敌人挡住东征军，守城叛军3000余人。城墙高四五米，城外有护城河隔绝城内外交通。蒋介石认为淡水城敌人兵力虽不多，城墙也不是很高，但东征军当时缺乏大炮和炸药，不能在短时间内攻克。但是考虑到70里外的惠州敌人一天之内可抵达，增援淡水城。一番分析后他认为攻打淡水城战斗必须速战速决。他决定由教导一团担任主攻。团长何应钦为了抢在天黑之前攻占淡水城，成立由100余名官兵组成的奋勇队，担任第一梯队，左权担任奋勇队队长。2月15日上午7时，战斗打响，奋勇队集中火力先攻击守军最薄弱的城东南角，城墙上几个士兵被枪弹击中，奋勇队梯子刚架好，左权就冲了上去，带着全排登梯时梯子突然断了，左权果断下令，将全排分成3组，两组搭人梯，一组跟着他登梯。左权登上城墙，挥枪舞刀，

黄埔军校第一期学员左权

且战且行，城墙很快被东征军占领，接着入城追击，战至中午就占领全城。午后，惠州之敌赶来增援时，很快被东征军击退。东征军司令部决定将阻击战变成追击战，下令向潮汕追击。3 月 13 日，东征军占领棉湖，前行 40 里在曾塘村与叛军王定华部相遇。王定华部 6200 余人依仗人多势众，企图对立足未稳的东征军分割包围歼灭。战斗空前激烈。东征军官兵正在开会讨论对策之际敌人就冲了过来，东征军仓促抵抗，伤亡惨重。关键时刻，一团团长何应钦发现曾塘村西北敌人出现空隙，立即命令二营营长刘峙出击，刘峙指挥六连用刺刀开路，与敌展开肉搏。左权率领六连二排铆足劲，一口气冲入敌阵，敌人伤亡一大片。此时，教导二团包抄到敌后方，敌人惊惧，纷纷向兴宁、五华败退。左权和战友们奋勇直追，打死打伤敌人 560 余人。

棉湖战役将号称劲旅的林虎部队歼灭大部，击毙其旅长张华如，俘团长黄洛中，俘营连排长近百人，缴获许多枪支。这是民国以来，第一次以少胜多的大捷。在战役总结时，苏联顾问加伦将军说："教导一团作战英勇，在俄国也只有极好的部队才能获得如此战绩，有教导一团，中国革命可以成功。"接着，廖仲恺带着国民党中央委员会命令，犒赏东征军，每个团奖励 1000 块银圆。左权在东征中作战勇敢，率领士兵冲锋在前，受到周恩来的表扬。他很快由排长升为副连长，后又升为连长。

1925年3月12日，孙中山北上与冯玉祥等商议南北统一大事，不幸因病在北京逝世。因孙中山病逝，南方军阀拥兵自重，唐继尧图谋进逼广州，滇军总司令和桂军总司令刘震寰欲与北洋军阀段祺瑞相配合，颠覆广东革命政府；而且杨希闵已宣布在广州成立桂滇联军总司令部，宣布广州戒严。面对严峻的局势，左权随东征军回师广州，再次投入血与火的战斗。左权带着他的连队冲杀在前。杨希闵、刘震寰部号称万人，但这两支部队官兵吸鸦片，不出操，不训练，没什么战斗力，加上广东革命军连战皆捷，声名远扬，当他们回师时，桂滇两军望风而逃，革命军轻松占领广州。

原来担任讲武学堂校长的程潜，此时担任攻鄂联军总司令。有次他到广东革命军司令部开会，得知自己的学生左权东征立了大功，非常欣慰。他觉得自己身边正缺少左权这样有勇有谋的人，便与总司令部协商，将左权调入自己部下，任司令部卫队营连长。

广东革命军第一次东征并未全歼陈炯明部，为彻底歼灭陈部，10月，进行了第二次东征。东征前补足了人员和弹药，一路凯歌，迅速收复了潮汕两地，陈炯明单枪匹马无处藏身，逃往香港后不久病死。

留苏特别喜欢军事理论

1925 年 3 月 12 日孙中山在北京逝世，苏共为了纪念这位革命先行者，为了给中国革命培养干部，完成孙中山未竟的事业，决定在莫斯科创办一所“孙逸仙大学”(即中山大学)。这个学校专门招收中国学员。第一批学员 340 人，有中国各地的工人、学生、军人等，左权是黄埔军校推荐的。1925 年 11 月中旬，左权和陈启科、李拔夫、林伯森、萧赞育一起，先坐船离开广州到达上海，再坐船抵符拉迪沃斯托克。这里虽是苏联的国土，但 80%的居民是华人，讲中国话，感觉不到是在外国。

到达符拉迪沃斯托克的第二天，左权一行搭上去莫斯科的普通列车，开始了横跨西伯利亚的漫长旅程。因为煤供应不上，火车靠燃烧木材获得动力，行驶缓慢。窗外下着鹅毛大雪，车厢里没有暖气，西伯利亚零下 40 摄氏度，这些来自中国南方的旅客，个个冻得直打哆嗦。左权为了帮助大家御寒，领着大家唱《国际歌》《国民革命歌》《黄埔军校校歌》等，气氛热烈。接着，他开始讲故事说笑话，逗得大家哈哈大笑。在歌声和笑声中大家忘记了严寒。经过 20 多个昼夜漫长的旅程，终于抵达莫斯科。

中山大学坐落于莫斯科市中心沃尔洪克街。学校面临大街，楼房坐东朝西，一楼餐厅，二、三楼是教室和图书馆，四楼是女生宿舍。周围环境优美，景致怡人。

左权一行报到后，事务处给每人发了外衣、皮鞋、毛巾、牙膏等生活用品，还发了睡衣、两套换洗内衣，还有饭票、理发票、电车票等，准备得十分周到。第二天，事务处又给每个同学发了西装。在严寒的冬季，而且是在异国他乡，能免费得到这些东西，中国同学感到高兴和满足。许多同学说，这日子过得比在国内好几倍。

中山大学是革命大学，任务是为中国培养干部，因此课程内容主要有马克思主义哲学、政治经济学、科学社会主义、苏共党史、西方革命史、军事科学和俄语。

1926 年 7 月，左权在苏联莫斯科中山大学留影

紧张的学习生活开始了，上课时左权认真听，认真做笔记。教员都是苏军军官，左权为了听懂教员讲课和读懂教

材，拼命地学俄文。从早到晚一有时间就背单词。为了便于在各种场合背单词，他将要熟记的单词写在事先做好的卡片上，放在上衣右边的口袋里，饭前饭后，有空就拿出来背几个，背熟一个放进左口袋，不到半年，他终于会说常用的俄语了。

由于克服了语言障碍，左权学习起来如虎添翼，兴致特别高。加上他学习刻苦认真，他的成绩门门总是在前三名。左权对军事学特别感兴趣。他认为落后贫困的中国劳动人民要像苏联人民那样翻身解放，过上有衣穿、有饭吃的日子，必须推翻剥削阶级的反动政府。反动政府掌握着庞大的军队，要推翻它一定要有自己的武装，有武装就要学会打仗。有这种理想抱负的驱动，他学习军事课程倍加努力。每次上完一堂军事理论课，教员都要将学员带到有步枪、机枪、手榴弹、大炮和各种地形的沙盘前，进行现场教学，加深和巩固课堂所学的军事知识。中山大学教学有一个好传统，教员允许学生提问，且有问必答。左权每次上课，他都是边听边记，将不懂的地方记在小本子上，到实验室后总是喜欢挤到教员身边，向教员求教。学员中就数左权提的问题最多。有些问题连教员也答不上，有时学员们不懂又一时找不到教员，就请教左权。

按照中国留学生的学习程序，学完中山大学的课程要转入伏龙芝军事学院就读。1927 年 8 月，左权转入伏龙芝军事学院学习，这是苏联的最高军事学府。左权一进学院，迎面的墙壁上贴着一条大标语：一切战术要适合一定的历史时代，如果新的武器出现了，则军队的组织形式与指挥方式要随之改变！这条标语让左权思考了一番，没有一成不变的战术理论，战术要随情况的变化而变化，也就是说战术一定要灵活，不然必定会打败仗。伏龙芝军事学院中国班共有 6 人，左权的同学有刘伯承、屈武、陈启科、黄第洪、刘云等。开设的课程有战略、战史(第一次世界大战、苏联内战史)、军事地理、俄文等。左权本着理论联系实际的精神，每学一门课，都认真联系中国古代战例、第一次世界大战战例以及自己参加黄埔军两次东征的战例。无论是课堂理论还是图上作业、野外演习，他都学得扎实，每一课不仅做笔记，还写出自己的理解体会。例如，怎样打好一般规模的战斗、必须具备哪些条件？左权经思考，认为首先要侦察敌情，弄清敌人兵力，到达什么位置，敌人有什么企图；其次要选择时机集中兵力，在兵力上、地形上形成绝对优势；设法将敌诱入设定的战场，保证通信联络畅通，要求参战人员服从战场纪律，做到有令必行。

小贴士

第一次世界大战：1914 年至 1918 年，以德国为首的“同盟国”为一方，与英、法为首的“协约国”之间的战争。1914 年 6 月发生的萨拉热窝事件为战争导火线，7 月奥国进攻塞尔维亚，8 月德、俄、法、英参战。日、意参加“协约国”，土耳其、保加利亚参加“同盟国”，主战场在欧洲。1918 年 9 月，土、保、奥投降，11 月 11 日签订《康边停战协定》，第一次世界大战以“同盟国”失败而告终。

转眼，左权和其他中国留学生已完成伏龙芝军事学院的第一期课程，1928 年 2 月进入第二期。按学院规定，一年级学习团的战斗行动，二年级学习师的战斗行动，三年级学习军的战斗行动。左权在这学期专攻战略战役战术理论，重点放在集团军战役上，包括战役进攻、战役防御、战役后方勤务上。

为了学好《战争论》这门课，左权联系实际学习了克劳塞维茨的《论战争》和恩格斯的《博罗迪诺会战》文章。

克劳塞维茨曾参加数十次重大战役，对如何打仗有切身体会。1818 年他在担任柏林军官学校校长时，为了上好军事理论课，费时 12 年将自己亲历的数十次战争经验，和其他国家军队 130 个战例，一个个剖析，指出每个战役的经验教训，《战争论》就是他研究的成果，书中揭示了战争的一般规律和作战原则，有着普遍的指导意义。克劳塞维茨在书中重点剖析了 1812 年发生的法俄战争。这年 6 月 24 日深夜，法国军队向俄国大举进攻，开始法军攻势凌厉，不几天便攻占了七八个城市。俄军统帅库图佐夫在敌众我寡的劣势下主动后退，拿破仑乘胜追击，当追到莫斯科以南的博罗迪诺时，因战线长占地多兵力少，失去了数量上的绝对优势。而此时库图佐夫虽然失去一些地方，但兵力相对集中。9 月 7 日库图佐夫与拿破仑率军会战，双方都伤亡数万人。库图佐夫接着继续后退放弃了莫斯科，拿破仑一举占领莫斯科后大喜过望，认为这一仗胜局已定。就在拿破仑庆贺之际，库图佐夫集中优势兵力，先歼灭在鲁塔鲁诺村的一部分法军，接着又在另一个地方歼灭一部分法军，连战皆捷，消耗了拿破仑的主力，库图佐夫见拿破仑欲逃跑，立即将防御战变成进攻战追击法军。拿破仑的军队兵败如山倒。俄国 1812 年抗法胜利对推翻拿破仑在法国和欧洲的统治，具有重大意义。

左权学习这个战例，体会颇深，他觉得俄军统帅库图佐夫在敌人强大之际不拼实力，不计较丢失城市，只要手中有军队就有机会反击。相反，拿破仑只图占领对方多少地方，而不去消灭对方的有生力量，使自己背起了沉重的包袱，无疑是作茧自缚。拿破仑的战法是愚蠢的不可取的，而库图佐夫在防御中消耗敌人的力量，积蓄自己的能量，最后由防御转为进攻获得最后胜利。库图佐夫在这场战斗中，由弱变强，反败为胜，是最聪明的战法，最好的典范。

左权将《战争论》连续读了 5 遍，越读越想读，每读一遍都有新的收获和体会，他认为这本书是弱军战胜强军，弱国战胜强国的经典法宝。这是每个战役指挥员的必读书。为了长期研究克劳塞维茨深邃的军事理论，他起早贪黑边抄边翻译，50 多万字的书 3 个月就翻译完了。后来，他带回祖国，他的战友得知后纷纷向他借阅。耿飚在一篇回忆文章中说："在江西中央根据地的时候，我从左权手里借过克劳塞维茨的军事著作，是他自己翻译的手抄本。"在其他老同志的回忆文章中也有提及这件事。

左权的同学刘伯承在一文中说："我在苏联留学有两位老师，中文请教邓小平，俄文请教左权。"

第二章　转战闽赣

二十五岁军长

1930 年春天，中共中央为扩大红军和巩固各苏区革命根据地，决定从苏联召回留苏学习的干部。这样，左权、刘伯承、刘云、陈启科同学提前毕业回国。5 月，左权、刘伯承等从绥芬河入境。因边境和国内一些地方国民党政府对从苏联入境的人员控制极严，三步一岗，五步一哨，稍有不慎就被抓走，轻者关上几年，重者立即处决。左权、刘伯承、刘云、陈启科等为规避风险进行化装，分别从没有岗哨盘查的最隐蔽的地方入境。左权化装成俄文教员，头戴鸭舌帽，使用胶水和面粉做成的高鼻子，身穿蓝呢子大衣，鼻梁上架着镀金圆框眼镜，手提皮箱，碰到人便用俄语打招呼。为防止祸从口出，左权尽量少说话或不说话。到大连按约定在一家饭店门口等待与刘伯承见面。等了一会儿刘伯承出现了，但左权发现刘伯承身前身后都有可疑人出现，这些人离刘伯承不远不近若即若离。左权知道刘伯承是被特工盯上了。面对险情，左权灵机一动，先是看了刘伯承一眼，然后迅速转身背朝刘伯承，假装不认识。刘伯承见到左权的举动也意识到自己被人盯上了，便放慢了脚步。左权走到附近的小店假装去买东西，用余光看着刘伯承及几个盯梢的人过来了，便猛地一回头，故意撞了一个紧盯着刘伯承的特工，那人突然摔倒在地，左权连忙假装无意般地打着招呼："对不起，对不起！"然后趁着混乱，走到刘伯承身边，低声说："小心身边有狼！到青云巷碰面。"刘伯承心领神会，机智地甩掉了尾巴。

为了安全，左权与同行的同学决定分开行动，各自寻找党组织。左权坐船抵达上海十六铺码头，上岸后在一个小巷与中共中央联络员曹蕴玉接上了头。曹蕴玉告知左权，上海的敌情复杂，这里有美国、英国、法国、意大利等国的海军陆战队，街面时有美英法意等国的巡捕。国民党在上海也有警察、宪兵和特务。另外，黄金荣、杜月笙、张啸林的流氓势力，既为帝国主义办事，也为国民党政府办事。他们共同的目标就是消灭共产党。左权得知，曾同左权在黄埔一期的同学吴乃宪已参加了特务组织，协助蒋介石抓捕在中共党内的黄埔同学，左权也被列入抓捕名单。

有一天，左权走出旅馆，假意在街上闲逛。走了不多远，一个头戴礼帽，鼻梁上架着墨镜的人，突然出现在他的身边。低声说了一句："我是陈赓，在中央机关工作，黄弟洪一到上海就叛党投敌了，这几天正在街头协助国民党专门抓捕从苏联回国的同学。"黄弟洪是左权在伏龙芝学院的同学，左权听到这个消息大吃一惊。陈赓还说："你可能被敌人盯上了，马上搬家！"

左权立马换了新住处。第二天，地下党交通员将左权带到一个饭店，见到了中共中央常委、秘书长兼宣传部长李立三。李立三也是湖南醴陵人，给左权的第一印象是精神饱满、擅长交谈的人。李立三先向左权介绍了全国形势。他说，时下蒋介石与南北军阀混战，无暇顾及红军的发展，共产党已在全国建立了 15 个苏区根据地，工农红军已有 14 个军，约 10 万人。但是，红军发展极不平衡，有的地方多，有的地方是一张白纸。红军大发展面临最大的问题是人多枪少，指挥员少。最需要大办军校培养指挥员。他还说，最近收到福建省委报告，说福建红军学校迫切需要军事、政治教员担负教学任务。中央研究决定，派左权去闽西担任红军军官学校第一分校的校长。

红军大学教室旧址

左权很快离开上海，坐船先到厦门，由地下交通员护送到龙岩镇。前一年，毛泽东、朱德指挥红军由井冈山南下，攻克了龙岩，龙岩成了闽西军事、政治、经济、文化中心。红军军官学校第一分校设在龙岩原第九中学的校址上。这一期原拟定招收 1000 名学员，实际仅招到 300 人，教员数量也很缺。左权到职后，派人继续招生和选拔教员，每天都忙得一身汗。但左权到职不到一个月，学校面貌刚有起色，突然接到命令，要他到闽西工农民主政府担任秘书长。他坚决服从命令，走马上任后领导找他谈话，说当务之急是部署改编闽西武装。

左权立即投入到改编闽西武装工作中，在调查中他发现闽西武装问题不少，首先是编制数与实际人数不符。闽西武装二十军、二十一军人数上报的编制是4万人，左权一个个连队清点人数，二十军缺编1万多，二十一军仅有400人。这些部队政工人员缺乏，政治思想教育不落实，导致部队士气低落。左权和闽西政府主席施简合拟了向中央和南方局的书面报告。报告实事求是地指出存在的问题，并提出了改进的措施。中央很快回复，将红二十军和红二十一军合编为新十二军，由左权任军长、施简任政委、宋铁英任参谋长、李力一任政治部主任，下辖3个团共计3000余人。

因中央苏区有第十二军，闽西的第十二军前便加个"新"字加以区别。

此时，左权只有25岁，他觉得自己资历浅，实际工作经验不足，工作中缺点不少，而组织要自己担任一军之长，说明组织相信自己。因此，他立志要格外勤奋努力地工作，以出色的工作成绩报答组织的器重和关怀。

打铁先得自身硬，左权想到弱小的红军要想战胜强大的敌人，必须要提高红军的战斗力。他考虑要做好3件事，一是整顿好内部纪律，加强部队的革命性、纪律性；

二是要积极从战斗力方面备战。他和其他军领导作了严密分工,管作战的、管后勤的要各司其职;三是加强对敌情侦察,做到知己知彼。

小贴士

中央苏区:是土地革命战争时期,中国共产党领导的主要苏区之一,位于江西省南部、福建省西部。1927 年至 1928 年中国共产党领导的赣南和闽西地区农民先后起义,开创东崮、桥头、溪南革命根据地。1929 年 1 月毛泽东、朱德、陈毅领导红四军由井冈山向赣南、闽西挺进,4 月入赣南,占领瑞金、于都、兴国、宁都等地。5 月红军再次入闽,6 月攻占龙岩、永定,成立闽西苏区。1930 年 6 月,红军第四、六、十二军组成第一军团,8 月成立第一方面军,随后闽南、闽西两苏区统称中央苏区。

早在 11 月初,左权接到上级的敌情通报,说蒋介石与冯玉祥、阎锡山的军阀混战已告一段落,蒋介石想乘"中原大捷"新胜,企图集中 11 个师约 3 万兵力,对江西中央苏区进行"围剿"。左权认为,既然蒋介石要对中央苏区下手，那么，闽西的敌人也不会闲着，可能会有行动配合。基于这种想法，左权派出侦察分队，兵分多路侦察敌人动向。不出左权所料，侦察分队派出不几天，就陆续送回情报，综合来自各方情况证实，闽西的国民党军第四十九师，为配合蒋介石“围剿”中央苏区，出动了3个团进攻龙岩、永定，同时寻找新十二军决战。左权召开紧急作战会议，就敌人的进攻态势下达作战命令，总的方案是避实就虚，从敌人的薄弱地方打开缺口。接触敌人之前，左权先指挥部队采取游击战术以走为主，忽东忽西调动敌人。走了几天，左权发现闽赣边界的长汀是敌人的薄弱之处，于是集中兵力，一夜之间向长汀、连城袭击，消灭了国民党第四十九师主力二九二团，其余两个团逃之夭夭，左权趁机收复了永定、龙岩等地，扩大了红军的影响。

红军的参谋处长

中央苏区第一次反“围剿”结束后，毛泽东、朱德指挥的红一方面军司令部急需参谋人才，由于左权在闽西指挥新十二军作战出色，被调任红一方面军司令部作战参谋。作战参谋的主要职责是负责起草作战电文、拟订作战方案。在作战方案未形成之前，要负责收集敌情，并针对敌人兵力位置和地形，起草一份作战方案的初稿，提供给首长讨论。粗看起来，作战参谋写写画画是个轻松的差事，其实不然，作战参谋要求很高，不仅要头脑反应灵敏，耳朵尖，脑子转得快，要有任劳任怨的精神，而且要吃透两头，一头是敌情，对敌人的兵力和所处位置，不是估计和瞎猜，要精确；一头是首长的意图，打还是不打，首长是怎么考虑的，必须要了解清楚。如果首长不想打这一仗，你琢磨了半天也没用。如果首长想打，你脑子就要迅速产生作战预案。作战会议首长说到哪里，你得记到哪里。一般不应该要首长重复自己的讲话。还有，起草作战命令一要快，二要规范，三要准确。所以说，参谋的担子是很重的。

左权在苏联伏龙芝军事学院学过司令部文书内容，对参谋业务不生疏，而且回国后在闽西指挥作战，积累了经验。他到红一方面军司令部报到后，参谋处长郭化若接待了左权，并向他介绍了红一方面军司令部情况及第一次反“围剿”后的敌情。接着，将他带到总司令朱德和总政委毛泽东住处。朱德亲切地拉着他的手说：“听说你从苏联留学回国又当过军长，现在让你来当参谋，大材小用啰。你先干着吧，职务以后会调整的。”毛泽东握着他的手说："你喝过洋墨水，来这里正好有用武之处，好好干!"

左权就职没几天，第二次反"围剿"开始了。左权根据敌情，绘制了敌情形势图，交给郭化若。郭化若仔细地看了他的图纸，连声说好，一看图就明白敌军兵分4路向我军进攻，每一路从出发地进展到何处标得很清楚。

第二天吃过早饭，司令部召开作战会议时，左权和郭化若都参加了会议，并由他俩首先向到会的领导介绍敌情。会议期间，左权将大家的发言，尤其最后毛泽东的具体作战部署一一记下，会议结束，他已拟订好作战命令，经首长签字下发到各部队。由于红军离敌人距离较近，为保密，首长要郭化若和左权将作战命令步行送到各军。5月14日傍晚，左权送完命令回司令部，一进门，郭化若便对左权说："刚才朱总司令和毛总政委说，根据工作需要和你的具体表现，你从作战参谋提升为作战科长。"

5月16日，战斗开始的第二天，郭化若心情沉痛地告诉左权，参谋长朱云卿被敌人谋杀。首长决定，郭化若接替朱云卿职务，左权担任参谋处长。

在第二次反"围剿"中，红军上下齐努力，将敌人打回到原地，第二次反"围剿"作战结束后，左权在总结报告上写道：5月16日起，红军向敌第二十八师和敌第四十七师展开攻击开始，至31日攻占建宁城结束，历时15天，横扫700里，连打5仗，共歼灭国民党军3万余人，缴枪3万余支，打破了蒋介石和何应钦狂妄叫嚣的“3个月内歼灭共军”的狂语，巩固和扩大了中央革命根据地。

国民党军先后两次对中央革命根据地发动“围剿”都落了空，蒋介石恼羞成怒，又重新调集30万人马，组成4个军团，计18个师和两个独立旅，此外，还调来5个空军支队，协同作战。7月1日开始进攻。

左权和郭化若将敌情向毛泽东、朱德做了报告。朱德说：“蒋介石胃口很大啊，调集30万人马，企图一口吞掉红军。但红军不是一只小羊，想吞就能吞下的。”

毛泽东说：“大军压境，敌军30万，我们3万，显然主动攻击或采取正面防御都会吃大亏。”他一边思考着，一边问左权，“你认为我们这次怎么对付呢？”

左权说：“我不主张硬拼，建议忽东忽西，迷惑敌人，诱敌深入，后发制人，在调动敌人中抓住对方的薄弱之处立即反击。记得1812年拿破仑率兵进攻俄军，俄军统帅库图佐夫一退再退，甚至放弃了莫斯科。拿破仑乘‘胜’追击，占了俄军许多地盘，战线一下子拉得很长，造成兵力不够，库图佐夫见反击机会已到，将后退改为进攻，打得拿破仑防不胜防，我们可以学学库图佐夫的战术，在后退中择机进攻。”

“好，就这么打!”毛泽东果断决定红军向闽西运动，择机反击。

几天后，红军各部到达闽西和赣南。6 月 30 日，左权接到敌情通报，敌人左翼集团军 7 个师从南城发起攻击，右翼集团军 7 个师从吉安、永丰、乐安进入苏区，另外 3 个师在樟树、抚州、宜黄、黎川待命。朱总司令和毛泽东决定继续采取诱敌深入方针，待敌进入根据地中心再反攻。中央红军从闽西北急行军，绕道瑞金，向兴国行进，

小贴士

诱敌深入：是兵家统军作战的计谋。在强敌面前，有计划地放弃一些地方，引诱敌人进至预定地区予以歼灭。这种战法可以使敌增加消耗，分散兵力，发生过失，陷于不利态势，便于自己利用有利条件，集中兵力各个歼灭敌人。人民解放军之所以由小到大、由弱变强，就是因为采取这一方针获得一次次胜利。

来个千里诱敌。部队日行百里，加上山高陡峭，道路险恶，一路上，红军官兵汗流浃背。左权为提高部队士气，经上级批准，向各部队提出“胜利在脚下”、“走路出胜利”的口号，部队士气顿时高涨。历经 20 天急行军终于回到兴国。7 月 30 日，左权随总部刚到高兴圩、老营盘，接到敌情通报，说敌主力向兴国追了过来。8 月 3 日，敌人 9 个师先后进至崇贤、兴国、富田、良村、莲塘，将中央红军包围在方圆十几里的几个小山村中。左权每隔两个小时向上级报告敌人态势。8 月 3 日晚，左权和郭化若再次向上级报告敌情，并建议从敌人薄弱处打开缺口，到莲塘以东择机歼敌。首长沉思之际，左权摊开地图，又向首长建议可以从三四个地方突围。首长听了他的建议，当即决定从江背洞、崇贤之间 40 里宽的地方跳出包围圈。为了迷惑敌人，毛泽东要左权下部队，指导第三十五军、第十二军的三十五师、独立第四师、第五师向主力突围的相反方向行动，将敌引向老营盘、万安、遂川一带。

一切按计划行动。8 月 6 日红军主力东进到达莲塘附近，发现敌情，7 日立即发起攻击，全歼国民党军第四十七师第二旅一个营，接着，向良村追击，途中与由良村出援的第五十四师之一六〇旅遭遇，歼其一个团。红军攻入良村，又歼敌第五十四师师部和两个旅大部。

良村战斗后，8 月 11 日，红军又在黄坡歼敌毛炳文师两个团。下午在追击中又歼敌两个团。红军从 8 月 7 日至 11 日，连打了 3 个胜仗。

接着，红军时东时西与敌周旋，国民党军在中央苏区来回奔波达两个月，始终未能找到红军主力，反被歼三个师，士气急剧下降，蒋介石不得不下令结束第三次"围剿"。

在第三次反"围剿"中，中央红军运用灵活的战略战术，先后歼灭国民党军 17 个团共 3 万余人，这一伟大胜利当然是朱德、毛泽东正确指挥的结果，但左权及时通报敌情，适时提出歼敌建议，对获得胜利是有贡献的。

承担特殊使命

中央苏区第三次反"围剿"后，全国革命根据地发展形势很好，中央革命根据地进一步巩固，赣南、闽西革命根据地连成一片，加上鄂豫皖、湘鄂西、赣东北革命根据地也有相当规模，客观形势需要建立一个对各根据地实行统一领导的军政机构。于是人事编制发生巨大变化，红一方面军番号取消，成立了中共中央领导下的中央革命军事委员会，由朱德任主席，新建的中华苏维埃政府由毛泽东任主席。左权跟随朱德，担任中央军委作战局作战处长。具体工作就是协助军委主席朱德指挥作战。

左权就职不久，接受一个特殊使命，参与组织国民党军第二十六路军起义。

1931年初，国民党第二十六路军被蒋介石调往江西进攻红军。此后，这支部队内部的共产党组织利用九一八事变的新形势和根据地红军影响，积极酝酿起义。第三次反“围剿”结束，二十六路军内的中共党组织认为起义条件业已成熟，特派袁汉澄来中央苏区，向中央军委汇报起义准备工作情况，请求批准举行起义。朱德接见了袁汉澄，听取了他的汇报，并主持召开了军委会议，让袁汉澄向与会者做了汇报。袁汉澄汇报后，朱德要求与会者发表自己的看法，讨论的中心是二十六路军是否具备了起义的条件？左权参加了此次会议，并发表了自己的看法。

左权素来处事不乱，再复杂的问题，他都能梳理出头绪，指出问题的症结和解决问题的方案。他听完袁汉澄的报告后，发表了自己的看法，他认为争取二十六路军起义的可能性很大：第一，二十六路军从西北开拔到江西，参加了第二、第三次“围剿”红军，其间不仅没占到一点便宜，反而损兵折将，尤其是第三次“围剿”作战结束，驻扎在宁都后，情况更加糟糕。宁都四周都是红军人马，苏区的游击队和少先队开展扰敌、堵敌、袭敌，使二十六路军不敢出城，成了一支孤军；第二，第二十六路军官兵都是西北人，远离家乡到江西来打内战，加上蒋介石将他们当作杂牌军，粮草弹药供应不足，待遇很差，几个月没有发到军饷了，官兵们的思乡情绪很浓，与蒋介石的矛盾较深，他们不愿打内战；第三，二十六路军官兵来到江西苏区，耳闻目睹了共产党在苏区实行的“打土豪、分田地”政策，让穷苦人过上了好日子。这些当兵的原来都是穷苦百姓的子弟，都盼望过上好日子，他们对共产党政策有好感，对苏区民众的好日子十分向往。左权分析了可以起义的3个条件，总结说，二十六路军起义时机已经具备，但是，由于二十六路军高层人员的家庭比较富裕，他们对共产党政策不一定是赞同的，而且他们的薪水高于红军干部几倍甚至十几倍，担心加入红军后过不了红军的苦日子。左权估计说，上层军官们对起义的看法认识有差异，官兵之间的想法就更不一致了。军队的基础在士兵，既然大部分士兵是倾向起义的，只要耐心地做工作，将当官的和当兵的分别做工作，只要工作做到家了，起义的可能性是很大的。

坐在左权身边的刘伯坚时任军委秘书长，他是左权在苏联伏龙芝军事学院时的校友，曾在西北军冯玉祥部担任过政训部长，他了解西北军，听了左权的分析和意见，他表示同意。他说：“冯玉祥部至今还有不少地下党员，这个部队在地下党员的影响下，对共产党和红军并不反感。我们的地下党员应努力争取，交朋友，秘密发展党员，耐心做好思想工作，创造更好的条件组织起义。”

最后，朱德决定，由左权、红军总政治部主任王稼祥和刘伯坚代表中央军委，携带电台到宁都附近的固厚圩联络指挥，具体指导和组织二十六路军起义。

小贴士

刘伯坚：四川平昌人。1919 年后在法国、比利时勤工俭学。1921 年参与发起少年共产党，1922 年加入中国共产党，同年赴苏联东方大学学习。1926 年回国在西北军冯玉祥部任总政治部主任，1927 年赴苏军政大学、伏龙芝军事学院学习。1930 年任中央革命根据地军委秘书长，1931 年策动宁都起义。中央红军长征他留任赣南军区政治部主任，1935 年 3 月 4 日在作战中负伤被俘，3 月 21 日牺牲。

接着，毛泽东将左权、王稼祥、刘伯坚和袁汉澄叫到自己的办公室，和他们一一握手问好后，他将目光投向左权说："你提的耐心做思想工作和其他建议都很好。"接着问袁汉澄："这件事是否真有把握？"袁汉澄点点头表示有把握。

毛泽东说："能争取起义成功的条件是存在的，这全靠我们党细致的组织工作。万一不能全部起义，局部起义也是好的，只要有部队起义，其影响等于在反革命心脏上捅了一刀。"停顿了片刻，毛泽东接着说，"你们能把二十六路军这支力量争取过来，那在中国革命史上将有重大意义。"

他们告别了毛泽东，袁汉澄返回宁都继续做起义准备工作。左权、王稼祥和刘伯坚则率领工作组，携带电台赶到固厚圩，保持与中央军委、袁汉澄的联络，指导二十六路军起义工作。左权为了做好欢迎二十六路军起义的准备工作，亲自到固厚圩乡政府，向乡干部们说明来意，并和他们一道发动群众，欢迎二十六路军官兵起义。在二十六路军起义成功回苏区的沿路村庄，挂起"欢迎二十六路军加入红军"的横幅标语，欢迎的民众每人做一面小红旗，上面写上"欢迎二十六路军起义"等口号。老百姓还自发地准备了鸡、鸭、猪肉、蔬菜等食品。刚成立的慰问团还组织了洗衣队、做鞋队。左权反复检查这些准备工作，一件一件落实。

12 月 12 日，袁汉澄回到宁都，召开了二十六路军中的全体共产党员会议，传达了中共中央和中央军委的指示和起义决定，大家听完欢欣鼓舞，这些“身在曹营心在汉”的游子们马上就要回到日夜盼望的娘家了，他们怎么能不激动，有的人还流下了激动的泪水。会议进一步讨论了如何起义的问题。众人拾柴火焰高，在讨论中，大家提出了 3 个方案：一是二十六路军全部起义，实现这个方案难度较大，但只要争取季振同的七十四旅，也是可以做到的。二是七十三旅起义，只要领导坚决，下面有些军官通不过也好解决。三是只将七十三旅的新兵连拉到红军去。实现这个方案最容易，最有把握。最后大家统一思想，努力实现第一个方案，并将起义时间确定在 13 日晚上。

为了争取季振同的七十四旅起义，他们进行分工，由老党员赵博生加紧做季振同的工作。赵博生是个老资格，他曾担任过十四军的参谋长、西安城防司令，在二十六路军官兵中享有很高的威望。不到两天赵博生就做通了季振同的思想工作。但是，季振同告诉了他一个消息，说南昌行营给二十六路军的两万套棉衣和 11 月份的薪饷已经到达广昌，不久可以送到宁都。他说，如果立即起义，这批物资和军饷就拿不到，他估计这些东西可能在13日到达，于是他建议将起义时间定在11月14日。

袁汉澄听到这个消息立即赶到固厚圩，向左权、王稼祥、刘伯坚等报告。左权等听到汇报后，肯定了袁汉澄的工作成绩。鉴于季振同的七十四旅担任着宁都的城防任务，起义后部队出城顺利与否，与城防部队齐心与否有着很大的关系。左权提议由季振同担任起义总指挥，起义时间定在11月14日的黄昏。

王稼祥和刘伯坚都同意左权的提议，立即报告了中央军委。军委很快回复同意，做出如下决定：一、同意起义时间为11月14日黄昏；二、起义后二十六路军改番号为中国工农红军第五军团，下辖第十三、第十四、第十五3个军，由季振同任红五军团总指挥，董振堂任五军团副总指挥兼十三军军长，赵博生为红五军团参谋长兼十四军军长，黄中岳任红十五军军长。

左权及时向袁汉澄转达了军委的决定，为了起义准时举行，同时出于安全考虑，左权命令驻安福的红十二师师长陈光派侦察分队，密切观察宁都一带动静。

11月14日，太阳接近地平线之际，起义总指挥季振同办公室及参与指挥起义的几个旅长住处灯火通明，人来人往忙忙碌碌。他们严肃的脸上流露出抑制不住的喜悦。季振同一连下达几道命令，各级指挥员按预定部署各就各位，守城的部队互换岗哨，官兵们忙着打背包，整理行李。几乎是同一时间，赵博生以参谋长身份设宴招待团以上军官。为了使团以上军官一个不漏，赵博生事先放出风，宴会酒菜的丰盛程度，堪比蒋介石宴请外宾，什么法国的白兰地、美国的牛排、南京的板鸭等等，馋得那些吃货们争相前往。宴会开始，季振同举杯宣布：二十六路军起义！这时，宴会上爆发出如雷的掌声，根据事先摸底，季振同当场宣布，将反对起义的七十五旅长张方昭、八十一旅旅长王恩布以及三四名团长关押起来。

赵博生宣布了全城戒严令，并重新颁布口令，亲自写下“解放”二字，分头送往各城门岗哨。晚8时许，城内通往城外的电话一律被切断，地下党员、执法队员孙步霞根据预先规定的全军起义行动信号朝天鸣枪，三声枪响后全城沸腾，呼叫声、奔跑声响成一片。参加宴会的团以上军官返回部队，立即发出紧急集合口令，官兵们背着背包扛着枪，跑步到达集合地点。拂晓，起义部队集合完毕，季振同、赵博生、袁汉澄等来到队伍前面，赵博生向前一步，站在队伍面前，大声宣布：二十六路军起义成功！并带头扯下了头上戴着的青天白日的国民党军帽徽，撕碎了国民党青天白日旗。随后，他一挥手，率领起义队伍路跨过梅江，向中央军委代表驻地固厚圩前进。

此时，军委任命左权为中央军委慰问团团长，左权率领着慰问团和苏区民众在村外列队欢迎。起义官兵在千余民众的欢呼声中，进入了中央苏区革命根据地。

左权在策动宁都起义和改编起义部队方面，起了积极作用，中央军委任命他为红十五军政委，接着，他投入到改编这支部队的艰苦工作之中。

因谣言受到“留党察看”处分

红军取得第三次反“围剿”胜利后，中共苏区中央局做出攻打赣州的决定，2 月 4 日战幕拉开。赣州三面环水，易守难攻。左权指挥的红十五军开始是作为预备队，后来也参加了战斗。敌罗卓英率两个师两万人增援，红军为预防腹背受敌，不得不撤出战斗。3 月中旬，中共苏区中央局在江口召开会议，决定红一、红五军团为中路军，红三军团为西路军，夹赣江而下，攻打两岸中心城市。毛泽东不同意这个决定，他认为敌众我寡，攻打中心城市条件不具备，建议红军向东向闽南发展。3 月 21 日，林彪、聂荣臻致电中央军委，同意毛泽东的建议。于是，红一、五军团由中路军改为东路军，毛泽东以中央执行委员会主席身份随东路军行动。

左权指挥的红十五军属林彪的一军团。他和林彪、聂荣臻都是积极支持毛泽东的主张和战略战术的。

红一军团出发到达长汀，毛泽东召集一军团团以上干部开会，作了东征动员报告。他说，红军向东发展，进军闽南，一是有闽西老区的支持，二是闽南有广阔的发展空间，攻占漳州、泉州，可以调动敌人，在运动中歼灭敌人。

会议进行讨论时，左权发言支持毛泽东的意见，认为毛泽东的出江西战闽南的战略方针，与中国优秀的传统兵法不谋而合，战江西保江西，不如出江西，将江西之敌引出境打，才能真正保江西。

南下漳州，要先取龙岩。龙岩之敌为第四十九师的一四五旅。左权指挥十五军与兄弟部队攻打龙岩。战前，左权和军长王中岳带着团以上干部在龙岩城外察看地形，打探敌情，召开作战会议，向各团下达作战命令。4

在土地革命战争中成长起来的中国工农红军一部

月 9 日，左权和王中岳指挥四十四师的一三一团为先锋团，攻占了龙岩外围的大池、小池、龙门等地，歼敌大部，残部逃向龙岩。左权令四十四师、四十五师追击逃敌，4 月 10 日，两师分别从西门、北门攻入龙岩，歼敌两个团。敌一四五旅旅长杨逢年率残部逃向漳州。

左权、王中岳率十五军两天急行军 150 里，抵达漳州城外，接到军团首长关于攻打漳州的命令，命令说：漳州守军为敌第四十九师第一四六旅及由龙岩逃来的一四五旅残部，其主力配置在漳州外围的天宝及南靖一线，依托杨梅岭、十二岭、风霜岭、宝林一带山地固守，师部位于漳州市区。第四军在左任主攻，第十五军在右任助攻，红五军团第三军为预备队。4月19日拂晓开始实施攻击。

左权在动员大会时说："同志们，我们助攻的南靖之敌一四五旅分别在天宝山、大尖册、宝林桥等地，枪一响，敌情瞬息万变，我们进攻火力强，兄弟部队主攻的敌人就会向我们对面的敌人增援，这样，我们可多杀伤敌人，多立功。同志们，为中国革命早日胜利，我们要把助攻当主攻来打，力争多歼敌人！"

19日拂晓，左权和王中岳下达攻击命令。顿时军号声、枪声、喊杀声响成一片，左权和王中岳的十五军与主攻的红四军几乎在同一时间发起冲锋，战至9时，十五军歼灭了当面之敌一四六旅，直下南靖，合围了敌一四五旅，不到一小时就攻入南靖城，再乘胜向漳州市区进击。逃回漳州的一名敌军官向张贞报告，说："共军的行动神速到比龙卷风还快，你听到枪声时就来不及跑了。"张贞的四十九师在闽南号称十万人马，挂着福建省剿匪司令部的牌子，张贞平时拼命搜刮民财，他的金银财宝用5间大房子都放不下。当他听说红军速度比龙卷风还快时，马上想到赶快派车子将搜刮来的那么多金银财宝运走。当红军快接近漳州城时，张贞连金银财宝也顾不上运了，拔腿就逃。

漳州一役，红军速战速决，全歼张贞的四十九师及地方民团1万多人，左权指挥的十五军歼敌数占了一半以上。

漳州战役结束的第二天，十五军军长王中岳被以“阴谋叛变”罪名逮捕。中央军委决定，由左权任红十五军军长兼政委。上任后，左权总结攻打漳州的战斗经验，发现部队的政治素质、军事素质还不尽人意，决定进行整顿提高。于是，他利用漳州战役后的短暂休整时间，整顿部队，提高部队的军政素质，以便把刀磨得更快，争取更大的胜利。他办了两件事：

一是发动民众斗地主、进行土改，让每一个农民有地种，同时让部队接受阶级斗争教育。他集中两天时间给指战员们讲解如何发动群众打土豪分田地，并以连为单位成立工作队，分布到南靖、云霄、平和、漳浦等县，发动农民打土豪分田地。还禁赌、禁娼、办农民夜校、兴修水利，提倡男女平等、建立农会。农民听说能分到地，个个十分激动，踊跃参加到斗争中来。一时间，平时趾高气扬的土豪劣绅们的嚣张气焰被打下去了。农民由于有了地，生产积极性提高了，人民的生活水平也得到了改善。

二是帮助农民建立农会的同时，发展地方武装。因农民有了土地，十分感谢共产党和红军，左权要求部队引导农民建立自己的武装，保卫胜利果实。经过一段时间的工作，在闽南 5 个县都建起了 100 多人的游击队。游击队经过训练，提高了素质，升编为中国工农红军闽南独立第三团，共计 1000 余人。左权派出 100 多军事干部，帮助独立第三团进行军事训练，从射击、投弹、单兵进攻和防御等动作做起。同时还吸收了 900 多名新战士入伍。其中在漳州读书的 30 名台湾青年也报名参加了红军。

左权在忙于提高部队军政素质的日子里，常常吃不下饭睡不着觉，人消瘦了许多，他的警卫员还见他吐了两次血。熟悉他的朱德评价说："左权十余年如一日，集中了自己的全部精力于工作。就是在昼夜不断的战斗与行动中，就是在几天几夜不合眼的疲劳中，他都从来没有表现过倦怠、疏忽、放任与暴躁，有时疲劳过度，梦中也在打电话和吩咐工作。"可是，就是这么一个对党的事业非常忠诚的指挥员，竟然被一个谣言诬陷，差一点丢掉了生命。

左权被诬陷有着复杂的国际国内背景。早在 30 年代，苏联红军内部进行大肃反，对大批无辜清白的军官以"托派"名义进行捕杀。这股妖风也刮到了瑞金中央苏区根据地。1930 年王明从苏联回国，打着"反立三路线"的旗号，推行"左"倾盲动主义路线，党内实行"残酷斗争，无情打击”。他抛出什么“托洛茨基主义”、布朗基主义、右倾机会主义等等，谁不同意他的主张，就被扣上一顶顶帽子，轻则被打倒，重则被立即处决。

小贴士

立三路线：1930 年 6 月 11 日，在李立三主持下，中共在上海召开中央政治局会议，通过了《新的革命高潮与一省或几省的首先胜利》的决议，使“左”倾盲动主义统治了党中央。他认为全国已具备“大干”的条件，不承认革命的不平衡性，全国各地都要起义，以反对毛泽东的以农村包围城市的思想，提出红军进攻中心城市计划。这一决定遭到广大党员反对，1930 年 9 月党的六届三中全会，结束了李立三的错误路线。

在中央苏区的大肃反中，有一个团政委向中央局报告，说左权的大衣口袋里曾收藏过“托陈取消派”文件。1932 年 6 月初，左权突然被撤销了红十五军军长的职务，到瑞金接受审查。左权解释说，这份文件是上海托派组织从邮局寄给左权的同事施简的。施简将它保存在箱中，觉得不妥后交给了另一同志。后来落在何处，他不知道。他自己既没有参加“托陈取消派”，也没保留过这份文件。

当时，被扣上右倾机会主义帽子进行审查批判的人很多，如毛泽东、邓小平、谭震林等都被审查和处分。左权被审查时，再三说明自己没有参加过“托陈取消派”，无人相信。由于左权工作上一直表现很好，在官兵中的口碑也很好，国家保卫局才没有将他作为反革命立即处决，而是处以留党察看 8 个月的处分，分配到红军中央军事政治学校担任军事教员。

第三章　长征先锋

林彪备的年夜饭被炸飞

1932年6月，正值盛夏季节，左权背着背包，手拎着简单的行李，来到瑞金中国工农红军中央军事政治学校报到，被分配担任军事教员。左权报到时，正是军校第二期学员毕业，第三期学员开学的时候。这一期学员共1800人，分军事团和政治营，培养军政干部。学员来自部队连队基层。他们的文化水平较低，都没进过院校学习，来学习的目的是系统学习军事理论和马克思主义理论，提高军事素养和理论修养。

左权对无缘无故受到处分并没有太在意，他想的是小时候，自己有时任性调皮挨了母亲打也是常有的事，党内肃反运动是为了保持红军的政治纯洁性，不让一个坏人隐藏在党内，所以，伤害到一些人也是难免的。左权脑子就是这么单纯，竟然将自己被诬陷受处分与被母亲打等同起来，从不计较个人得失，自己受到委屈对组织也毫无怨言。对于组织上安排他来军校当教员，他也很乐意。他曾经上过黄埔军校，留学苏联中山大学、伏龙芝军事学院，喜欢研究军事理论。离开这些院校后在战争的实践中摸爬滚打，积累了战争实践经验和教训，如今回到军校可以重温军事理论，从理论和实践中找到理论根据和教训的症结所在。左权在教学中，随身带着俄文版的《列宁全集》《红军丛书》，克劳塞维茨、苏沃洛夫、拿破仑等名家著作，每堂课都要将有关内容复习一遍，讲课时每一个重要观点他都要引经据典，结合黄埔军校两次东征和中央苏区第一至第三次反"围剿"的作战例子，深入浅出地进行阐述，讲得绘声绘色，学员们听得津津有味。下课前，他又用自己的语言总结几条经验，让学员们易懂易记。

军校校址在树林旁，四周杂草丛生，一到天黑蚊子就像敌机，在头顶和耳边嗡嗡地叫。那时条件极差，别说蚊帐，就连一把像样的扇子也没有。左权每晚都要看书备课到深夜，还要抽空翻译俄文书籍，如《苏联国内战争之红军》《苏联红军中党的工作规则》《军语解释》等，后来，他翻译的作品发表在中共中央刊物《红旗》杂志上。如《苏联国内革命战争的教训》一书，就以中央军委名义出版下发到各部队。

是金子总会发光。左权在刊物上发表的文章和出版的书籍都是高质量的，中共中央和中央军委首长如朱德、周恩来、张闻天、王稼祥等都感到左权是位军事天才，当个教员大材小用了。红军总政委周恩来就说过："左权这么年轻，会有什么问题呢？应该让他到前线去指挥部队作战。"经各方推荐，由中央军委主席朱德批准，1933 年 1 月左权调任军委作战局任作战参谋，协助朱德、周恩来指挥作战。

左权就职时，蒋介石坐镇南昌指挥 30 余个师的兵力，对中央苏区进行第四次"围剿"，企图采取分进合击方针，一举歼灭红军主力于黎川、建宁地区。红一方面军总司令朱德、总政委周恩来面对敌强我弱的恶劣形势，一开始决定围攻南丰，在围攻时观察敌情变化，再择机歼灭敌人。果然，敌人被调动向南丰运动。战斗中，攻城部队打得十分艰苦，他们无法接近城墙。后来，敌人增援的部队来了，形势十分危急，朱德、周恩来见状，改变战术，下令由强攻南丰改为佯攻，采取围城打援，主力向东韶、洛口移动，伺机破敌。左权一直在朱德、周恩来左右观察和分析敌情，不断提出自己的建议。2 月 25 日，当他发现敌西路军总指挥罗卓英所率的第一纵队由西向东，从宜黄、乐安出发，直奔宁都、广昌，企图截断红军主力撤回中央苏区的归路，他立刻向朱德、周恩来报告，说敌第一纵队五十二师可能要经过黄陂，建议在黄陂歼敌。朱德、周恩来采纳了他的建议，命令部队冒雨向黄陂进发。到了黄陂，由左权带着指挥员看地形。曾参加黄陂战役的指挥员耿飚在回忆录中写道："左权召集师长、团长研究作战方案，并一起到登仙桥、大龙坪、蛟湖、霍源一带的崇山密林中实地勘察，确定伏击阵地，兵力部署十分精细周密。"

2 月 27 日，红一、三军团迅速进入伏击地大龙坪。午后，敌第五十二师进入大龙坪，由于山路狭窄难行，由三路纵队改为一路，因此队伍拉得很长。呈现出"一"字长蛇阵。左权见此机会，命令部队朝敌人开枪。一时间枪声大作，红军将敌军长队截成数段，两个多小时就结束了战斗，全歼敌五十二师，击毙师长李明。28 日，红军将与五十二师相隔一个山头的敌第五十九师歼灭，俘获师长陈时骥。

3 月中旬，红军总部讨论作战方案，朱德根据敌情报告，获悉敌中路军向广昌西北地区进攻，为分散敌人，创造战机，决定红军第十一军向广昌西北展开活动。左权说这是三十六计之第十七计——抛砖引玉。以示弱于敌前，引诱敌人上钩。周恩来则称赞说："这是总司令做文

小贴士

三十六计：是历代兵家总结的兵法之一，中华民族智慧之花，集中了历代“韬略”、“诡道”，是指导作战的谋略。具体内容：一瞒天过海，二围魏救赵，三借刀杀人，四以逸待劳，五趁火打劫，六声东击西，七无中生有，八暗度陈仓，九隔岸观火，十笑里藏刀，十一李代桃僵，十二顺手牵羊，十三打草惊蛇，十四借尸还魂，十五调虎离山……

章，左权画龙点睛。”周恩来以总政委名义批准这个决定，左权将决定具体化，立即起草作战命令发给第十一军。第十一军接到电报立即行动，大造声势，佯装主力向广昌挺进。敌人果然中计，被我调动。陈诚错判第十一军是红军主力，便集中兵力与红军决战。他指挥敌第十四师、第十师、第九十师和后纵队第五师，经东坡、新丰向甘竹前进，令第十一师进驻黄陂。朱德要左权通知红第十一军继续吸引敌人东进，待敌前 4 个师通过后，再歼灭后纵队两个师。5 个小时后，敌第十一师到草台岗时已成孤军，与前后队伍拉开了距离。左权建议在草台岗歼灭第十一师。朱德果断采纳建议，命令第五军团、第十二军进攻侯坊、徐庄、雷公嵊一线，牵制敌人；第一、第三军团和第二十二军开赴草台岗歼灭第十一师。20日夜晚，各部迅速抵达指定位置，21日拂晓发起攻击，红军将士如猛虎下山，歼敌大部，打伤师长肖干，击毙3个团长，敌三十一旅旅长黄维化装成士兵逃脱。敌第十一师是蒋介石的王牌军，号称从来没打过败仗的"常胜"军。蒋介石得知十一师受挫，气得跳脚，慌忙命令收兵后撤。

至此，红军第四次反"围剿"宣告胜利结束。

1933年10月，红一军团参谋长徐彦刚调任湘鄂赣军区任司令员。中央军委考虑到左权所受的留党察看8个月的处分到期，而且在受处分期间工作和作战都很出色，于是将他调任红一军团接任参谋长。左权干一行爱一行，无论在哪个工作岗位上都干得好。这次被调走，大家都表示出不舍，因此一直拖到12月底，左权才到红一军团上任。军团长林彪、政委聂荣臻对于左权的到来非常高兴和欢迎，在林、聂二人的印象中，左权不仅具备指挥员所必须具备的丰富的战场经验和坚强的意志，还具有非凡的精神素质。他们觉得有的人留学归来，会摆架子，看不起人。但左权身上完全看不到这些恶习。林彪得知左权要在 12 月 30 日来，加上正逢过年，他嘱咐司务长备上丰盛的年夜饭欢迎左权。

当时，国民党对中央苏区采取的是军事上“围剿”，经济上封锁政策。中央苏区四周都无法通商，严禁一颗粮、一滴油、一粒盐流进苏区。苏区乡村里没有什么杂货店，米油盐根本没有卖。红军伙食很差，只能保证前线部队勉强吃饱，机关吃定量，一天吃两顿饭，一顿只有一小袋米。官兵们营养很差，有时只能在夜晚避开敌人，上山去捉野兔和其他野生动物，或者下河摸些小鱼、小泥鳅来改善伙食。司务长为了给左权接风，下河去摸了些鱼虾，又到山凹的老乡家去买一些萝卜、青菜，好不容易弄了一桌菜。大家坐在桌上，林彪和聂荣臻说过欢迎词后，以茶代酒，准备为左权接风，还没来得及喝一口，突然空中传来敌机的轰鸣声，十几架敌机丢下一枚枚炸弹。左权一手拉着林彪，一手拉着聂荣臻，飞也似地向树林中跑去。命保住了，但一桌子丰盛的年夜饭被敌人的炸弹炸飞了。

为冲破四道封锁线探路

左权担任一军团参谋长，正是受命于危难之际。

蒋介石第四次“围剿”中央苏区失败后，心情沉重，十分悲观，曾一度想用自杀了却一生。一天，他在报纸上看到欧洲形势剑拔弩张，德意日向外扩张……看着看着，他又在不断地思考，突然灵机一动，心想，德军势力日益强大，德军中人才辈出，何不通过外交部邀请德国将军来帮助自己呢？想到这里，他一拍桌子做出决定，请来了曾是德国陆军司令的塞克特。塞克特到任后，帮助蒋介石办了4件大事：一是在江西庐山举办了军官训练班，由塞克特讲山地战、堡垒战；二是改进了“围剿”军编制，取消旅编制，将过去师辖旅、旅辖团改为师辖团；三是确定对中央苏区全面封锁；四是战术上采取持久战和堡垒战，将中央苏区范围压缩再压缩，然后饿死困死红军。蒋介石自1933年9月开始，对中央苏区进行第五次“围剿”，调集了50万兵力，指挥33个师，分第一、第二、第三路军，由北向南对红军实施夹攻。战术上一改过去长驱直入的做法，改为部队到哪，公路修到哪，碉堡修到哪，步步为营，逐步推进，每天10公里。中共临时中央总负责人博古听说蒋介石请了德国人当顾问，一时乱了方寸，冷静下来后他决定向蒋介石学习，也请个洋顾问，他通过共产国际，请来了德国籍的李德。李德的战术方针是单纯防御，全线出击，御敌于国门之外。李德不搞运动战，而是硬碰硬同敌人拼。在当时敌强我弱的情况下，执行李德的战术与敌人拼消耗，无疑是以卵击石，自取灭亡。

国民党军依靠飞机、大炮和修路修工事，不停顿地进攻。红军根据李德的战术，不躲不避迎头冲，造成了很大的伤亡，中央苏区范围越来越小。左权看到这个局面痛心难过，但是他知道痛心难过没有用，必须设法改变被动局面。如何改变？他认为必须改变战术，避免与敌人硬拼，要掌握战争的主动权。如何掌握主动权？那就要加强对敌情的侦察，根据敌情捕捉战机，化被动为主动，打几个漂亮仗。左权将自己的想法报告给林彪和聂荣臻，建议在原有侦察队基础上组建侦察科。

左权建议得到了林、聂首长的批准，任命红五团团长刘忠任侦察科科长，侦察员由原来40余人扩充到500余人，而且还要求每个师配一个侦察连，每个团配一个侦察排。左权规定侦察科的任务：一是侦察敌情，每两天必须有口头报告，每5天必须有书面报告；二是绘制作战要图；三是调查行军路线，找向导带路；四是捉俘虏，了解敌人的最新动向。

8月25日，林彪、聂荣臻对左权说，红军自第五次反"围剿"以来，处处被动，提出近期打一个胜仗，鼓舞部队斗志。左权表示深有同感。于是，左权将刘忠叫来，指着地图上的长汀至朋口说，据无线电台报告，今天早晨敌人集中兵力向长汀进攻，要求刘忠带人去侦察，如发现敌人是一个师或一个旅孤军行动，就立即报告。

刘忠接受任务后，立刻率侦察队出发，半天后抵达朋口以西的温坊。恰巧遭遇到一支敌军，他们紧跟在敌军的后面观察，并伺机抓到了一名因受伤掉队的敌第三师第八旅的一个营长，立即审问。此人供出第八旅是单独由清流出动到温坊修工事的。得到这个情报，刘忠喜出望外，他立即用电台报告给左权，综合各方情况，司令部认为温坊之敌第八旅与其第三师师部相隔 5 公里，距离朋口、莒溪、洋坊尾的敌第九师、第十师、第三十六师相隔 20 余里，只要集中优势兵力速战速决，一定能歼灭孤军深入的第八旅。林、聂立即下达作战命令。9 月 2 日，红一军团和临时归林彪指挥的第九军团开赴温坊，发起战斗，激战 3 小时，将第八旅的两个团 4000 人歼灭，旅长许永只身逃跑。蒋介石见到他，气不打一处来，一怒之下将其击毙，第三师师长李玉堂由中将降为上校，革职留用，其他几个师长被蒋介石骂了个狗血淋头。

虽然红一军团、红九军团获得了温坊战斗胜利，但改变不了红军第五次反“围剿”的失败局面。1934 年 10 月 10 日，博古、李德未经中央政治局讨论，决定放弃中央苏区，远征湘西与红二、红六军团会合。10 日晚，中共中央、中央军委率中央红军主力5个军团及中央机关直属队共8.6万余人，从瑞金、古城等地出发，进行大规模战略转移，突围方向是湘西。行军序列以第一军团为左路前卫，第三军团为右路前卫，第九军团掩护左翼，第八军团掩护右翼，中央机关及直属部队居中，第五军团殿后。从这个安排中不难看出，第一军团和第三军团为左右开路先锋。

小贴士

博古：真名秦邦宪，江苏无锡人。1925年加入中国共产党，1926年赴苏学习，1930年回国，任团中央书记。1931年至1935年1月为中共临时中央总负责人，犯过严重的“左”倾错误。抗战爆发任中共驻南京代表、中共中央长江局、南方局组织部长。1941年主持《解放日报》、新华通讯社工作，1946年2月赴重庆参加同国民党谈判，4月8日返回延安时因飞机失事遇难。

开拔前林彪、聂荣臻就对左权说：“我们一军团是此次行动的先锋，而你要带着侦察科充当先锋的先锋，任务就是侦察探路，为大部队行动提供安全保障。”

左权肩负重任，带着侦察科提前上路了。按照西进湘西的行军路线，他们渡过赣江，来到信丰、南雄、南康、崇义地区侦察敌情，并将沿路经过的山川河流画成了地图，派人送回军团部，供林彪、聂荣臻参考。

蒋介石为防止红军突围，在红军所经过的地方设置了4道封锁线，第一道封锁线设在新田、金鸡、安西等地。这是国民党陈济棠部所在地，虽然周恩来派潘汉年、何长工与陈济棠谈判，陈也同意让红军通过，但这是绝密的情报，下层并不知情。左权和侦察科在这一带反复侦察，设法为红军寻找敌人工事比较少的地方通过。经侦察，左权和刘忠发现，安远和信丰公路四周敌人工事稀疏，驻守在碉堡内的官兵除了在外放哨的，白天都在打麻将，晚上天一黑都不出工事了。左权将这一情况向上级汇报，建议中央红军在10月22日凌晨通过最适合。

10月21日夜幕降临，万籁俱寂，红军大部队顺利地通过了第一道封锁线，但在22日早上天亮时，信丰附近的碉堡内敌人听到了动静，向红军开火了。部队事先都做了充分的战斗准备，听到枪声，前卫红一团团长杨得志指挥部队以饿虎扑食之势，向敌人扑去。红军的勇猛攻击，令敌人猝不及防，一时乱了方寸。战斗结束，歼敌600余人，缴获了大批武器和弹药。25日中央红军及机关从于都县城西南的王母渡、新田之间闯过第一道防线，25 日过了信丰河。

红军大部队在过第一道封锁线时，左权率领侦察科已经向第二道封锁线前进。他们以每天百里的急行军速度前进，除了十几分钟时间吃饭外，两条腿都在赶路。快接近广东城口时，他们偷袭了敌人的一个据点，据抓到的俘虏说，蒋介石判断红军经过五次“围剿”，人员伤亡过半，成了散兵游勇，没什么战斗力。他设的 4 道封锁线，重点放在第一道上。他以为红军根本过不了第一道封锁线，即使是过了也剩不了几个人了。他想至多在第二道封锁线打一仗扫扫尾而已。他根本没想到红军能顺利通过第一道封锁线，更想不到陈济棠会背叛他。当他惊闻红军大部队已过信丰河时，慌忙之中，从南昌往衡阳赶，企图在广东城口和湖南汝城设置第二道封锁线。他在赶去衡阳的一路上，连下了十几道命令：命令陈济棠部扼守粤北一线，余汉谋部扼守马径，张达部扼守大廋，廖培源扼守翁源，李汉魂部、叶肇部扼守城口，陶广部扼守城汝城。左权将这些情报电告林彪、聂荣臻并转告中央军委。

双方都懂得兵贵神速的重要性。朱德、周恩来明白现在必须和敌人争分夺秒抢时间，赶在敌人大部队未到位之前闯过第二道封锁线。为此,他们以军委名义,要求在路上的部队提速前进,丢掉一切不必要的东西,轻装赶路。当红军大部队经过城口一线时,蒋介石的追剿部队还远在千里之外,鞭长莫及。11 月 4 日红军夺取濠头、城口进入湖南境内,向第三道封锁线挺进。

红军冲过第二道封锁线时,蒋介石经飞机侦察,判断出红军的意图是采取先西后北上湘西,与贺龙、萧克的红二、红六军团会合。于是,他指挥 16 个师,前后左右围堵,重点在湖南的良田和宜章设置第三道封锁线。左权侦察敌情后,了解到中央红军北上时必经九峰山,而九峰山已被国民党军广东军阀邓龙光部控制,中央红军应派兵力,先行赶走邓龙光部。林彪、聂荣臻采纳左权的建议,命令陈光的红二师火速前进。在红二师上路后,林彪担心一个师的兵力薄弱,又派出一个师紧跟其后。红一军团两个师赶到九峰山时,邓龙光师也刚到一个小时,在立足未稳之际被红军打跑。在红一军团占领九峰山时,红三军团冒雨奔袭宜章,红军大队人马和中央机关有惊无险地闯过了第三道封锁线。

湘江是蒋介石设置的第四道封锁线。江面上无风三尺浪,蒋介石为了在这里歼灭红军,调集了 20 个师 40 万人马,组成追剿大军,采取前后夹击的战术围追堵截。

左权派刘忠前往湘江附近的道县侦察。刘忠化装成国民党军六十二师情报处长，来到县长家中打探军情时，遇到国民党军刘建绪部的情报处长，在酒宴上得知蒋介石的兵力重点在全州、兴安、灌阳，形成三角形防线。左权接到刘忠的情报，如获至宝，综合各方面情况，他认为蒋介石北伐虽统一了各军阀，但矛盾依然存在。况且，敌人战线拉得很长，总有薄弱之处。他向林彪、聂荣臻建议，红军可以佯攻广西龙虎关，摆出攻占广西态势。他分析李宗仁怕红军入广西，更怕蒋介石的中央部队尾随红军入广西。因此，桂军一定会放弃兴安、灌阳防务，抽兵南移贺县、富川、恭城，保卫广西。这样，三角形的防线便出现了裂缝，红军只要采取“两翼分割，中间突破”方针，边走边打。林、聂首长同意左权的方案。11 月 27 日夜晚，林彪派部队佯攻龙虎关，左权指挥先头部队在全州、兴安偷渡过了湘江，占领界首、觉山铺一线渡河点，掩护主力及中央纵队过了江。桂系发现红一军团部分部队过江，知道中了调虎离山计，4 个师回师北上，同时蒋介石调湘军 4 个师也如狼似虎地扑向石冲门、麻市、觉山铺、洛口一线，红一军团阵地几度失守又几度夺回。但为了掩护行动迟缓的大部队，红一军团坚守阵地。一直到 12 月 1 日中午，左权得知大部分红军过了湘江，走上湘桂路，才退出阵地。

由于左权尽职尽责地在前面探路，做到敌情明、地形明，才使中央红军和党中央机关突破了蒋介石的4道封锁线。

抢占大树堡吸引敌人

红军过湘江，两岸正是战火纷飞时，蒋介石派几十架飞机轮番轰炸，湘江上漂着无数红军的尸体，其状惨不忍睹，红军由长征开始的8.6万余人锐减为3万余人。湘江之战是红军长征途中战斗最为残酷、损失最为惨重的

遵义会议会址

一战。

痛定思痛。早在12月18日，中共中央政治局在黎平接受毛泽东建议，放弃北上湘西，改为向贵州前进。红军进占遵义，1月15日至17日，具有历史性的3天政治局扩大会议，撤销了博古、李德的军事指挥权，确立了毛泽东在红军和中共中央的领导地位，制定了红军今后的战略方针。红军过了乌江和金沙江前面就是大渡河。5月

小贴士

遵义会议，1935年1月，中国共产党在遵义召开的中央政治局扩大会议。会议揭发和批评了第五次反“围剿”和长征以来中共中央在军事领导上的错误，通过了《中共中央关于反对敌人五次“围剿”的总结决议》。会议推选毛泽东为政治局常委，取消博古、李德的最高军事指挥权。随后，根据会议精神，常委进行分工，由张闻天代替博古总负责，毛泽东、周恩来负责军事。这次会议结束了王明“左倾”冒险主义在中共中央的统治，确立了以毛泽东为代表的新的中央的正确领导，具有非常重要的意义。

15 日，红军来到会理，此时蒋介石调集十几个师赶往大渡河，企图将红军一举歼灭。毛泽东决定组成两支先遣团，第一先遣团由刘伯承、聂荣臻指挥部队向安顺场前进，为红军主力在安顺场渡大渡河做准备；第二先遣团由左权、刘亚楼指挥红二师五团、二师侦察连、军团便衣侦察队，经越西占领大渡河的大树堡渡口，佯装红军主力在大树堡过大渡河，将敌军吸引去大树堡，掩护红军主力在安顺场过大渡河。

左权与刘亚楼的任务是率领第二先遣团急行军 400 多里，在 5 天内赶到目的地。5 月 20 日，他们从泸沽出发，第一个目的地是喜德县小相岭的登相营。从泸沽到登相营约 150 里，这里没有大路，只有一条羊肠小道可走，150 里的路必须在一天内赶到。他们放眼望去，近处是古木参天，远处峰峦起伏。有时峡谷的石壁上会突然出现突出处，一个人都很难过得去，战士们只好弯下腰，一步一步向前移动，有的路段只有用双手撑地爬过去，真所谓“蜀道难难于上青天”。他们就这样克服重重困难，走了 50 多里路到了大凉山。左权根据自己平日看古书获得的知识，告诉战士们，大凉山古时称南蛮之地，蜀国诸葛亮火烧藤甲兵战斗就发生在此。诸葛亮七擒孟获的故事也发生在这里。左权指着蓝天白云说：“《三国演义》

说这里5月的天气是娃娃脸，说变就变，有时一天呈现四季，早上是冬季，穿上棉衣也会发抖，到了太阳挂树梢时成了春光明媚的春天，中午穿着单衣会汗流浃背，俨然是炽热的夏天，到了下午3点钟天高气爽，成了最美的秋天，晚上又回到严寒的冬天。”

老天爷似乎为了证明左权说的没错，快到中午时战士们热得直喘气。左权说：“大家觉得怎么样啊？是不是早上冻得抽筋，中午热得剥皮。”战士们被逗得哈哈大笑。

部队将要接近登相营了，左权召开作战宣传会议，动员说，我们就要进入彝族区了，这里有川军刘文辉的部队，又有不了解红军的广大彝族同胞。因此，我们既要在这里打仗，又不能误伤了彝族同胞。我们的政策是对敌人要狠，对同胞要亲，就是说我们要把彝族同胞当作亲人一样。

会后，左权举着望远镜仔细观察，发现距离登相营不远处有个小山村，大约住有50多户人家，在这个小山村的四周，被刘文辉部队挖了大沟，以阻挡红军前进。沟深5丈左右，不管谁要进入小山村，必须走吊桥。而吊桥有部队士兵看守，盘查很严。左权考虑后，派了12个侦察兵，解决了吊桥的守卫，并活捉了几个敌人。

这里的老百姓深受刘文辉部官兵迫害，老百姓对他们恨之入骨。左权为了让彝族百姓了解红军，指挥部队进村，命令战士们不准进民房，并派出战士们向百姓宣传，让老百姓知道红军是为民打仗为民谋利益的军队。他们边宣传边为群众干活，老百姓对红军产生了好感。

红军与老百姓成了一家人。左权从老百姓的口中得知，登相营有敌人一个排兵力把守。从小山村到登相营，有两条路可通，一条是沿山脚走大路，还有一条是绕道山背后的山路。左权研究后决定自己率部队沿山脚走大路，派刘忠率侦察排，绕到山背后，用奇袭的办法去打开登相营的大门。

第二天拂晓，刘忠带着 10 名侦察兵上路了。左权交代说："你们一定要谨慎小心，要沉着果断，必须做到快刀斩乱麻。"刘忠表示保证完成任务，带着侦察兵向目的地前进。

刘忠和侦察兵很快就绕到了登相营背后的山坡上，他发现这个镇子的吊桥边上，只有一个哨兵看守，就向班长陈信忠如此这般地交代了任务。陈信忠打扮成一个过路人，上前向哨兵问路，还没等回答，陈信忠便猛地向他扑去，一刀便结束了他的生命。接着，他冲进旁边的一个小屋，大声地喝道："我们是红军，缴枪不杀！"

正在打牌的 30 多个川军不知道来了多少人，都乖乖地举起了双手。这时，刘忠率领战士们迅速占领了登相营，然后立即放下吊桥，站在小山顶上，按照与左权的约定，挥舞了 3 下手中的旗帜。左权看到信号，率主力从吊桥上顺利通过。

至此，还有 20 多里路就要到达越西县城了，为了掩护中央红军主力过大渡河，左权继续迷惑敌人，制造声势，放出烟幕，说 10 万红军要在大树堡过大渡河。接着放走了两个俘虏，为了让俘虏相信，他还让通信员来向他报告说，朱总司令马上就要进成都了。叫张军长、赵军长、王军长、杨军长、孙军长等 9 个军长来开作战会议。为了假戏真做，他还安排了五六个号兵，在俘虏经过的路段吹号。

两个俘虏信以为真，跑到越西城后，向县长报告了这个消息。那县长一听说红军 10 万人马要来，哪里有心守城，吓得慌忙跑到成都向刘文辉报信去了。

县长和县民团弃城北逃，左权于 5 月 22 日率将士们浩浩荡荡地进了越西城。县城内十分简陋，这里汉民和彝民杂居。红军进城后，左权将部队分成十几个宣传队，向民众宣传红军的政策，说一切彝汉百姓都是兄弟骨肉，人人平等自由。宣传队又是工作队，他们打开监狱，释放了被无辜关押的平民百姓，还领着百姓们打土豪，将土豪的粮食、衣物发给穷苦的百姓。工作队员们还动员青年报名参军，不到半天时间，就有 500 多名青年参加了红军。

左权率领部队离开越西，向大树堡前进，途经海棠、晒经关。相传唐僧从西天取经时，由一只老乌龟将他们师徒 4 人驮过通天河。老乌龟曾托唐僧到西天问问佛祖，自己尚有龟寿几何？这是关系到这只老乌龟寿命的大事，谁知唐僧却忘得一干二净，当老乌龟问起佛祖如何说的，唐僧坦言将它的托付忘了。老乌龟一听顿时气上心头翻了个身，将唐僧师徒 4 人翻入河中。因他们取到了经有了护身符没被淹死，只是经书给弄湿了。师徒 4 人上岸将经书摊在石头上晒干，由此得名晒经关。

晒经关路难走，前一天刚下了场暴雨，洪水猛涨，水冲到路上，路面上全是大大小小的石块和泥土。好不容易过了晒经关，左权得报，不远处有一个排的川军在把守要隘，便令刘忠派一个班，化装成川军去智取隘口。刘忠二话没说，带队便走。一个班的“川军”出发了，接近隘口时，敌人以为是越西逃回的友军，热情地向他们打招呼请他们吃饭。就这样，刘忠的一个班蒙骗了敌人，轻而易举地缴了他们的枪。

左权在快要到达大树堡时，得知大树堡有一个营的川军在把守，便立即召开作战会议，进行严密的分工。散会后，军号一响，左权命令部队发起攻击，由于大树堡路窄，兵力多无法展开，此次战斗歼敌一个连，另有两个连闻风而逃。红军占领了大树堡，缴获了两只渡船。接着，他们放出风去，说10万红军过河取雅安入成都。这消息不胫而走，吹到南京，蒋介石信以为真，慌忙调兵到大树堡渡口防范。

敌人向大树堡方向调兵，致使安顺场、泸定桥兵力减少，此时刘伯承、聂荣臻指挥红一团迅速抢占了安顺场，接着红四团攻占了泸定桥。6月3日，毛泽东、周恩来、朱德、林彪和赶来会合的左权从安顺场过了大渡河。

泸定桥遗址

左权率右纵队在大树堡佯攻，表现十分出色，一军团出版的《战士报》发表文章，表扬左权率部攻占大树堡，有力地掩护了红军主力顺利从安顺场过河。

小贴士

泸定桥：即大渡河铁索桥。在四川泸定县城西，横跨大渡河，桥东衔接泸定县城。该桥为悬桥，长 100 米，宽 2.8 米，桥面距水面 14.5 米。桥身由 13 根铁链组成，桥身 9 根铁链平行系于两岸，上铺木板作桥面，桥栏左右由两根铁链为扶手，每根铁链重 2.5 吨，建于清朝年间。这是四川通向西藏的通道。1935 年 5 月 27 日红军长征北上，以 22 勇士为先锋，抢占泸定桥，渡过了大渡河。

红军过了大渡河，暂时摆脱了敌人的追击，但摆在红军面前的北上道路并非一马平川，漫漫雪山、茫茫草地在等着他们。6 月 12 日，左权与军团直属队由宝兴县丰东岩出发，日行 80 里，来到夹金山的山脚下，准备过雪山。

夹金山，海拔 4900 多米，终年积雪，别说是人上不去，就连鸟儿也不易飞过，民间传说只有神仙才能通过，所以又有神仙山之称。第二天凌晨，左权随大家一起登山了，可登了半小时就冻得浑身直打战。左权为了鼓舞大家，不断地鼓励大家："同志们，加油啊！雪山并不可怕，只要我们意志坚定，雪山就是纸老虎，你硬它就软，你软它就硬，同志们加油啊！"一小时后，左权累病了，他发起了高烧。从1934年10月离开江西，他秋去冬来一直穿的是单衣，加上工作十分繁忙，始终坚持在中央红军的前卫，临阵不退，遇敌在先，既要照料大家的一切生活，还要在前面探路，指挥作战，身着单衣在零下二十多度的雪山上，是铁汉也扛不住。时至中午，经过4个小时的搏斗，他们终于登上了山顶，山顶上狂风席卷，稍不小心就会被8级大风卷走。左权不断地鼓舞大家，要坚持再坚持，翻过雪山就能与四方面军会师了，翻过山就是胜利。在他的鼓舞下，大家的情绪稳定了，心情也开朗了，增强了克服困难的信心和勇气。从山顶开始下山时，左权不断地提醒大家，一定要小心，上山容易下山难，雪山路更滑，向下走时，弄不好便会一脚踩空，跌入万丈深渊。他反复强调大家要一步一步探着路走，要脚踏实地地往山下走。当天下午，他们终于翻过了雪山，与四方面军会师了。

第四章　出征抗日

创建晋察冀根据地

1937 年是中国风云变幻之年。这年的 7 月 7 日日军制造卢沟桥事变，借口演习中一名士兵“失踪”，向中国守军发起进攻。卢沟桥事变拉开了日军全面侵华战争的序幕。民族危亡，国难当头。全国形成了抗日救亡高潮。国共两党经多次谈判达成协议，中国工农红军改编为国民革命军第八路军，东渡黄河，开赴山西抗日前线。

8 月 25 日，毛泽东、朱德、周恩来以中央军委主席和副主席名义发布命令，朱德为八路军总指挥，彭德怀为副总指挥，任弼时为政治部主任，邓小平为副主席，叶剑英为参谋长，左权为副参谋长。八路军下辖 3 个师：第一一五师、第一二〇师、第一二九师，共 6 个旅 13 个团，总兵力 42500 人。

当时，参谋长叶剑英被派往八路军南京办事处工作，左权实际上担负参谋长职责。八路军开往山西途中，有的干部不理解，说中国地方那么大，可去的地方很多，为何偏偏要开到山西去打鬼子？左权耐心解释，说八路军开往山西是敌情需要。进攻华北的日军兵分多路，其中一路是到山西。日军对山西志在必得，目的有二，一是为割裂华北与西北联系，占领山西后，可顺势夺取西北的广大地区；二是山西有取之不尽的煤矿，这是持久支持战争的战略资源。再说，八路军开赴山西，是中共中央根据实际形势，审时度势做出的决定。因为八路军开往山西，能最快最直接投入抗日战场。中国地势西高东低，山西地势高，居高临下，军事上可以牵制入侵河北平原的日军，也可堵截日军疯狂西进的攻势。八路军开往山西的另外一个原因，阎锡山是地方实力派，他在山西统治多年，虽是一个反共分子，与日军和蒋介石有利益上的联系，但也有错综复杂的矛盾。当日军入侵山西，山西受到威胁时他高喊守土抗战，当蒋介石的中央军要开往山西抗战，他又害怕山西被中央军占领，中央军到了山西，就很难被赶走。当时的山西，正处于黑云压城城欲摧之际，八路军提出开赴山西作战，阎锡山正是求之不得，他深知八路军的抗日决心，想借八路军之手赶走日本人，又挤走中央军。

所以，八路军要到山西抗日，他一口答应。中央军委从多方考虑，觉得既然阎锡山愿意接受八路军，同时八路军的3个师开始放在山西，也便于统一领导，相互照应。陕北延安与山西紧密相邻，便于中共中央靠近指挥，八路军取道山西，抗日好处多多，更为重要的是能在山西同日寇进行大规模作战，以尽早形成全国抗日局面。经左权这么解释，许多干部战士理解了中央的苦心，豁然开朗。

就这样，八路军总部的同志们和战士们坐着小船，渡过奔腾咆哮的黄河，又坐火车，抵达太原。9月21日清晨，朱德、左权率领八路军总部同志与提前几天到达太原与阎锡山谈判的彭德怀会合。当天，中央军委前方军分会举行会议，讨论山西战局及如何贯彻实施中央军委关于八路军战略部署问题。此时，侵华日军的气焰十分嚣张，日华北方面军司令官寺内寿一指挥9个师团和一个混成旅团、临时航空兵团等部队，先后攻陷了北平、天津各城镇，一部沿平绥线攻破了南口、张家口要隘，占领了临绥、大同等重要城市，正气势汹汹地向晋北屏障——雁门关、平型关等长城各口汹涌而来，企图攻克太原；一部沿津浦线直奔保定、德州，与平绥线的日军相呼应，齐头南进，以达其速战速决、出奇制胜之目的。形势十分危急！

小贴士

雁门关：又名西陉关。在山西代县城西北20公里雁门山腰，与宁武关、偏关合称三关。峰峦错耸，高陡险峻，异常险要。建于明洪武六年（1374年）。八路军第一二〇师七一六团在此伏击日军，雁门关因此声名远扬。

左权依据中央军委的战略意图和国民党第二战区八路军出兵长城各隘口、雁门关和平型关的要求，电令各师按中央军委部署行动，第一二〇师以灵活的游击战袭击向左云进攻之敌；第一一五师向晋东南进军，准备袭击灵丘、涞源西犯之敌；第一二九师开赴正太路以南，在太行山开展游击战。

9月23日，左权和朱德、彭德怀率八路军总部抵达五台的南茹村。他们刚刚落脚，朱德便急切地询问左权，林彪的第一一五师到了何地？左权指着军用地图，告诉朱德，林彪快到长城口平型关了，先头部队已到大营镇。阎锡山曾数次要求八路军配合他们在平型关方向作战，防止日军南下。之前，第一一五师根据八路军总部要配合友军作战的指示，乘坐阎锡山派出的接兵车，沿同浦路向平型关方向开进阻击日军。他们抵达原平车站时，发现前面铁路已被日军飞机炸毁，为了抢时间，全师奉命改乘汽车抵达大营镇，这里距离平型关还有 30 里路程。

朱德指着地图，对左权说："你马上电告一一五师，一到大营镇就派出先头部队到平型关侦察地形，大部队可向上寨方向运动，进行战前准备，随时准备出击！"左权得令后立即以八路军总部"朱彭左"名义，电令一一五师，开往平型关伺机作战。

9 月 23 日，夜色已深，平型关以东的上寨小学教室内，林彪、聂荣臻和参谋长周昆、作战科长王秉璋等围着地图正在开会，林彪首先传达总部要一一五师在平型关方向作战的指示，接着，聂荣臻通报了阎锡山来电报告：日军近日进攻平型关，请求八路军一一五师帮忙守住平型关。接着，大家便你一言我一语地议论起来。讨论了 1 小时左右，林彪综合大家的意见，决定利用平型关以北的险要地形打一仗。9 月 24 日，林彪、聂荣臻组织干部到平型关以东的十里长沟去察看地形，实地察看后，他们发现这里是两山夹一沟，地形最适合打伏击。林彪当场宣布了作战部署，命令第二天一早各部按时到达指定位置。

9 月 25 日拂晓，全师进入平型关以东的十里长沟。7

时许，日军第五师团第二十一旅团一部和辎重车辆进入伏击区，林彪用电话下达发起攻击的命令，顿时，战士们发起冲击，敌人首尾被夹，无路可逃。这次战役中歼敌1000余人，缴获大量武器和物资，取得了八路军挺进抗日前线作战的第一个大胜仗。八路军横空出世，打了日本人一个措手不及，其意义不可估量，它打破了日军“不可战胜”的神话，极大地振奋了全国军民的抗战信心，提高了共产党和八路军的声望。

朱德（后排左三）、彭德怀（后排右一）、左权（后排左一）等，于1938年2月在山西省洪洞县白石村温家院接见美国记者露丝一行

平型关大捷后，八路军各师争先恐后抓住战机袭击日军，第一二〇师第七一六团在团长贺炳炎、政治委员廖汉生率领下，设伏于雁门关以南的黑石头沟西侧高地，10月18日10时许，日军汽车数十辆，满载兵员、弹药，由北向南驶入伏击区，第七一六团突然开火，歼敌300余人，日军慌忙逃窜。21日晨，第七一六团再次设伏于黑石头沟地区，日军由南向北行进的200辆汽车于9时左右驶入了伏击区，第七一六团突然开火，歼敌200余人。第一二九师第七六九团在团长陈锡联指挥下，于10月19日夜，袭击阳明堡机场，日军数次反扑均失败，歼敌100余人，毁坏飞机24架。

为落实毛泽东关于创建根据地的指示，八路军总部人员一分为二，一部人员由朱德和左权率领，向晋东南的太行山地区转移，指导创建抗日根据地。一部由彭德怀率领，由五台山出发，路经定襄、忻县、太原、榆次，最后到达秦阳县龙泉镇，直接指挥忻口阻击战和太原保卫战。

为了尽早建立晋察冀抗日根据地，朱德、邓小平将一一五师师长林彪和政委聂荣臻叫到南茹村总部谈话。林彪、聂荣臻骑马到了总部门口，朱德、左权和邓小平在门口迎接，朱德拉着林彪的手说："你们一一五师打了个开门红，打得好啊！"

左权也很高兴地对林彪说:“林师长,你能用一句话总结平型关战斗的经验吗?”

林彪考虑了片刻说:“我就用10个字概括平型关战斗的经验,这就是‘集中使用兵力突然袭击’。”

他们边走边聊,进了办公室,朱德对林彪、聂荣臻说:“通知你们二位来,是商量一件大事。过去我们在江西苏区常打胜仗的一条经验,就是依靠政府和民众。民众的力量是无穷的,只要依靠民众就没有办不了的事。如今抗战时期,日军兵力占优势,装备又好,我们八路军人数有限,装备更不如日军。因此,在敌强我弱的情况下,要想战胜强大的敌人,必须建立根据地。根据地是开展游击战的基础。你们师要想在这里立足,打胜仗,必须立即着手建立根据地。现在,请左权同志宣讲中共中央和毛泽东关于创建抗日根据地的几份电报。”

左权向林、聂宣读了9月21日、9月24日、9月25日毛泽东关于开展游击战、创建抗日根据地的电报。然后左权说:“这3份电报内容都是强调游击战争、创建根据地,这是毛泽东在洛川会议确定的战略方针,他生怕我们时间久了记不住,或者在执行中走样,特别来电报提醒我们。早在平型关战斗之前,你们一一五师已派罗荣桓主任率领政治部和骑兵营等,东进阜平,在冀西发动群众建立根据地。现在总部根据军委意思，决定由聂政委率领师独立团、骑兵营、八路军总部特务团一部，共计 3000 人，在晋察冀 3 省交界地区创建晋察冀抗日根据地。”

朱德问：“你们明白中央的意图了吗？林师长有重任，（后负伤赴苏治疗）这个担子由老聂来挑。你去创建的这个根据地就叫晋察冀抗日根据地，核心的组织是晋察冀军区，你有什么困难，现在就可以提出来立即解决。”

聂荣臻说：“我服从命令，但是，创建晋察冀根据地急需懂政策并且会指挥打游击战的干部，总部首长现在就要帮我配备军区司政后干部。”

经左权提议朱德批准，由原八路军总部唐延杰任晋察冀军区参谋长，由八路军总部秘书长舒同任军区政治部主任，由查国桢任后勤部长，叶青山任卫生部长。

不久，以聂荣臻为司令员兼政委的晋察冀军区在五台县普济寺成立。军区以 3000 人为基础，采取滚雪球方法，成立了 4 个军分区，每个军分区都有数千人的队伍。每个县都成立了县政府和自卫团。这支队伍成立后，运用游击战打了许多漂亮仗，其中有黄土岭战斗，击毙日军中将指挥官阿部规秀。狼牙山五壮士也是出自晋察冀军区部队。晋察冀军区在解放战争中重组为华北野战军，成为中国人民解放军 5 大野战军之一，可见当初左权和朱德提议创建的晋察冀军区对尔后建军和中国革命胜利做出了很大贡献。

朱德、左权在建立晋察冀抗日根据地后，又电令一二〇师留驻太原地区附近，开辟晋西北抗日根据地，一二九师开赴晋东南进行游击战争，创建以太行山为依托的抗日根据地。经朱德批准，左权在八路军总部所属各单位和一二九师抽调了大批干部组成了八路军工作团，分赴沁县、长治、沁源、武乡、安泽、屯留、晋城、襄垣、平顺等地，与地方力量相结合，建立抗日民主政权和地方武装。不久，罗荣桓率领一一五师一部，进军山东，创建了山东抗日根据地，同时又令宋时轮、邓华率两支队组成八路军第四纵队挺进冀东、热南、察东北，创建抗日根据地。从此，抗日根据地在华北大地如雨后春笋般地发展起来。有了根据地，军队不仅有了立足之地，而且吃住有了保

1937 年 10 月，左权在山西省五台县南茹村八路军总司令部留影

障。至1938年底，八路军迅速发展到了15.6万人。

毛泽东在1938年2月28日的中央政治局会议上，总结了创建抗日根据地的经验，提出再创建几处根据地的设想。如何创建？他推荐了晋察冀抗日根据地作为典范，并加以表彰，后来又亲笔题词“抗日模范根据地——晋察冀边区。”

挫败日军“9路围攻”

在朱德和左权的具体指导下，晋察冀根据地得到迅速发展，呈现了一片“村村像军营，人人都是兵，抗日根据地一片练武声”的景象。远在重庆的蒋介石得知此事，欣赏这样的做法。1938年1月13日，他到河南洛阳，参加了第一、第二战区将领会议，朱德、彭德怀也参加了此次会议。蒋介石在会上赞扬了八路军积极支持正面战场、屡创日军的行动，特别提到了平型关战役打得好，晋察冀根据地工作搞得好。会后，第二战区将在山西的国共军队分成东、南、北3路军，朱德任东路军总指挥。

这时，左权从一二九师神头岭战斗缴获的大量文件中得知，日军华北方面军为解除后方威胁，从4个师团中调集了3万余兵力，由第一军司令官香月清司指挥，兵分

9 路，将向晋东南地区的中国军队进行一次大规模的围攻。左权向兼任东路军司令的朱德建议，召开一次东路军将领会议，研究敌情，制订反 9 路围攻的作战计划。朱德、彭德怀接受了他的建议，从 3 月 24 日至 28 日，在小东岭连续召开了 4 天作战会议，会上，由左权介绍敌人 9 路围攻的计划，然后是朱德介绍形势，朱德说："回顾在山西 8 个月的抗战实践证明，国军的正面战场歼敌与八路军在

小贴士

神头岭战斗：抗日战争时期，八路军第一二九师在山西省潞城县东北的神头岭伏击日军的战斗。黎城是日军的兵站基地，黎城与潞城之间为丘陵地带，有一条浊漳河，八路军选择这一地段伏击敌人。第一二九师师长刘伯承、政委邓小平确定"围点打援"战术，攻打黎城来调动潞城的日军增援，再歼灭潞城增援之敌。3 月 16 日 4 时，第七六九团袭击黎城，果然潞城日军以步、骑兵 1500 余人向黎城增援。8 时 30 分经过神头岭时被第一二九师七七一团、七七二团、补充团伏击。此战歼敌 1500 余人，缴获大量物资。

刘伯承、徐向前商量。他俩一听也有道理，便点头答应。俩人迅速返回师部，与政委邓小平、参谋长李达研究后确定，根据最新敌情，3 月 31 日在响堂铺打一仗。这一仗打得很漂亮，战斗结束后，歼敌 400 余人，缴获了大量的枪支弹药和罐头食品，来参加观摩的友军将军们真正是开了眼界，还吃到了香味扑鼻的猪肉罐头，个个竖起大拇指，别提有多高兴。

八路军某部缴获日军的战利品

友军将领从这场战斗中观看到八路军打游击战的经验，增强了信心。会议结束，左权协助朱德、彭德怀对晋东南中国军队反 9 路围攻作了部署：由第一二九师三八六旅参谋长兼先遣队司令李聚奎抵御从河北邢台进犯营头、浆水镇的第一路日军第十六师团；由友军夏云廷骑兵营配合八路军游击队抵御第二路日军第十六师团步兵大队从河北高邑、元氏进攻九龙关……

朱德宣讲完反 9 路围攻部署后，左权再一次向大家强调，日军人多装备好，这并不可怕，可怕的是没有办法对付，现在我们有了运动战与游击战相结合的办法。但在采用这一办法时一定要机动灵活，根据敌情、地形决定打什么仗。如果一时想不出办法时，先在游中观察，东游西游，总能看出敌人的弱点，然后狠狠出击。

这次会议开得很成功，成功在为每一路进攻的日军安排了强有力的对手。

当时总部在马牧村，左权为了便于战斗，同时又考虑到八路军总部是此次反 9 路围攻的指挥中心，也是容易被日军盯住的目标，他和朱德、彭德怀商量，要与敌人玩“躲猫猫”，常搬家，让敌人找不到目标。左权正和朱德、彭德怀等商量着，侦察员来报告，说日军柏崎延二郎联队 3000 余人已经快到马牧村。总部机关在马牧村的半山坡上，左权听到报告，连忙出门观察，吓了一跳，他不用望远镜就可以清楚看到日军在山下走动，还听到战马的嘶叫声。当时总部身边只有一个警卫排，怎么能挡得了那么多敌人呢？左权向朱、彭报告了这个情况，建议总部立即转移，同时决定自己出面调总部特务团佯攻不远处的沁州，以调动在总部附近的日军联队增援。朱、彭二人同意左权的建议，立刻率总部转移。之前，特务团暂归第三四四旅徐海东部指挥，左权跑到距马牧村十几里外的徐海东部，向徐海东说明此事，徐海东给了左权一个营。左权带着这一个营，大张旗鼓地攻打沁州，果然一部日军被调往沁州，左权得知这一部日军并非柏崎联队，而总部确实已转移到了榆社，已经安全了，便放弃沁州去寻找总部。左权判断总部不会走远，也可能来到沁州了，就在沁州附近寻找，果然在沁州附近的北石后老战壕里会合。这个战壕是八路军两个月前刚挖的，部队走了战壕仍在，这次派上了大用场。战壕上面盖着几块门板，铺上土和石块，再堆上草，这样战壕被隐蔽得一点痕迹都没有。总部机关就蹲在里边办公，指挥晋东南反9路围攻战斗，这是抗日战争时期八路军总部最简陋的办公场所了。左权问朱德："你们怎么转移到这个山沟来的呢？"

朱德回答他说："你不是说游击战就是东游西游，跟在敌人后面比较安全，我们走走停停就来到这里了。"

左权亲自到附近的义门村侦察情况，了解到义门村是只有20户人家的普通小山村。为便于开展指挥工作，经左权建议，总部机关搬进村子里一个较大的土窑洞办公，左权打开地图后，听一位参谋汇报情况，这时朱德将各师各团发来的一叠电报递给左权，左权一份份仔细阅读，他看到先遣队司令李聚奎发来的电报，说第一路日军第十六师团一部已被他们咬住；一二九师独立游击支队来电说，第二路、第三路日军也被牵制，友军武士敏部将第四路日军酒井旅包围；一二九师秦基伟支队来电说，第五路日军第一〇九师团被秦支队和友军九十八军斩为两节，正在分割围歼；第三四四旅旅长徐海东来电说，第七路日军川岸师团被徐旅围困在沁源县城，歼敌一部；4 月 14 日，刘伯承来电说，第九路日军苫米地指挥的第一一七联队，经段村进占武乡……

左权了解苫米地，他拿着这份电报对朱德、彭德怀说："这个苫米地十分狡猾，很难对付，是我们的老对手了，几次曾被我伏击，但我们每次包围他，都让他逃了，最多只能歼他一部，甚至有时反被他咬一口。"

左权

"是的。"彭德怀说，"2 月底日军 3 路会攻临汾作战中，这家伙抢先攻占了临汾城，获得了日本大本营颁发的一枚勋章。从此他更加狂妄，自称精通八路军游击战术，他还提出了‘学习游击战，消灭八路军’的口号，发明了什么‘拖刀计’战法，在作战中先烧民房后假装撤退，尔后埋伏在村外，当我部进村救火或尾随其部时，事先埋伏的部队就突然前后包围我们，这个战法让我们吃过亏，我们要想办法痛打这只老狐狸。”

朱德看着地图，手指苫米地联队所处位置说：“这只狐狸好像是孤军深入，不与友邻协调，而且与其他部队相隔很远，赶快通知刘师长派部队盯着他，最好将他引到武乡、辽县之间歼灭，因为这一带地形对我有利，山高路险，是打伏击的理想战场。”

左权补充说：“我们还要告诉刘师长，要他将苫米地经过的乡村‘空舍清野’，让他们找不到一粒粮充饥。”

左权将朱德、彭德怀的话拟成电报发给了刘伯承。英雄所见略同。这时一二九师首长刘伯承、邓小平、徐向前、李达也盯上了苫米地，正运筹在什么地方、什么时间捉住这只狐狸呢。4 月 12 日至 14 日，一二九师首长率部秘密西移李庄、贾豁，发现日军左右两翼向辽县、武乡进犯，左翼一一七联队孤军冒进，与左右邻拉开了间隔，司令部决定让其进入辽县。14 日，刘、邓、徐、李确定将一一七联队歼灭在段村。方案上报八路军总部，左权以“朱彭左”名义，批准了方案。第二天，侦察员向刘伯承报告，说日军进到榆社，因沿途老百姓“空舍清野”，找不到粮食，而且，去辽县的路又破坏了走不通，不得不返回。刘伯承听到这里兴奋地对李达说：“鸟入笼，鳖入瓮，这一下有大仗打了！”他要李达通知三八六旅旅长陈赓，派第七七一团密切监视一一七联队。

刘伯承接到总部命令，通知第七七二团、六八九团沿漳河北岸追击，第七七一团沿漳河南岸追击，第七六九团为后续部队沿武乡至襄垣大道跟进。左权生怕这到嘴的肥肉飞掉了，15 日晚一夜未眠，在电话机守候，16 日拂晓得知陈赓指挥七七二团、七七一团在长乐村追上了日一一七联队，不由大喜过望，拿起电话对一二九师值班的李达说：“李参谋长，长乐村地形我了解，一边是浊漳河，一边是山崖，你们采取前拦后夹，将一一七联队彻底歼灭！”

李达在电话的这头说：“这只狐狸没东西吃，已饿了两天了，现已成疲惫之师，我们有把握歼灭它，请总部首长放心！”

现场指挥战斗的是三八六旅旅长陈赓，他手持望远镜，盯着目标。当一一七联队进入河谷时，他立即命令第七七一团、第七七二团开火，日军听到四面枪声大作，后退无路，前进又寸步难行时，慌成了一团。八路军指战员冲入敌群，左刺右砍，勇猛无常，杀得日军人仰马翻，1500名鬼子被歼。同时，距离长乐村不远的千余日军被我七七二团和六八九团歼灭。

长乐村急袭战，歼敌2200余人，战果不亚于平型关战役，各路日军耳闻一一七联队被歼纷纷回窜。左权以“朱彭左”名义电令各部乘胜追击，在沁源、沁县、辽县、和顺、张店歼敌一部，八路军收复晋东南的18座县城，日军的9路围攻被彻底粉碎了。

导演百团大战

百团大战，是中国抗日战争史上最辉煌的一页。这个战役是八路军依据当时国际国内形势发动的。早在1940年初，左权就思考着如何破坏敌人的交通线。那时朱德发现左权每天眼睛不离地图，有时还用手指比划着什么。一天晚上，朱德搬来一张凳子，坐在左权面前说：“这段时间发现你在暗自琢磨什么事，你能不能说给我听听，也许我会支持你的。”

左权考虑片刻，指着地图对朱德和盘托出自己近期的想法，他说：“这一阵子我观察到日军侵占华北出现一个新情况，他们的魔爪到哪里，就把路修到哪里，还在路边修筑了碉堡，我琢磨着他们在搞什么阴谋？”

这时彭德怀走过来，接过话说：“我也在思考这个问题，我认为日军吃了我们游击战的亏，天天挨打，一时想不出什么办法，想依靠修铁路、公路，把我们抗日根据地分隔成许多小块。这种政策也可称为蚕食政策，就像蚕吃桑叶一样，逐渐侵占。”

人民群众踊跃支前

政治部主任罗瑞卿听了一会儿说：“我以前看过一本军事词典，这就叫交通战，一方战胜另一方首先要修路，保障运兵和后勤供给畅通。反之，另一方要战胜对方就要破坏它。现今欧战苏、英、法、德，无论哪一方要战胜对方，都派飞机炸毁对方的铁路、公路，断绝交通。”几个人你一言我一语地议论起来。

朱德说：“现在日军政治、军事、经济同时展开进攻，军事上扬言‘南取昆明，中攻重庆，北夺西安’，还加强政治诱降，迫使更多的中国人当汪精卫，重庆一些高官抗日意志动摇。日军在华北疯狂推行‘肃正建设计划’，用修路分割各抗日根据地。”

左权说：“日军企图乘德军闪电战的暂时胜利加紧在政治上、军事上逼我就范。我们要粉碎敌人的阴谋，来个针锋相对，他修路我破路，我们对日军在华北的重要交通线来个大破坏！”朱德和彭德怀异口同声地表示同意。

这时，中央要朱德回延安筹备七大，又致电彭德怀，抽调八路军南下支援新四军。总部原定的对敌交通的破袭计划只得暂时搁置下来。

彭德怀在忙完八路军南下援助新四军一事后，又回过头来，与左权等一起继续酝酿对日军交通线进行破袭的问题。经过初步研究，将作战重点放在了正太铁路上。4 月 25 日，彭德怀要左权致电八路军各部首长，日寇现正在拼命修筑道路，以加强其对占领区之统治，准备进一步向抗日根据地进攻。此种阴谋若不积极阻止与粉碎，待其完成，将会予我坚持敌后之抗战带来极大困难和不利。

几天后，彭德怀又将总部司令部人员召集起来，一起研究破袭敌交通线一事，他说："原来我设想以正太路为目标太小了，要以破坏正太路为重点，整个华北地区的津浦路、平汉路、同蒲路、北宁路、白晋路、平绥路、德石路等重要干线，都在敌人控制下，敌人大修公路铁路，构成网状，是把铁路比作柱子，公路比作链条，据点就是连结柱子、链条的锁，这就构成了囚笼，敌人想把我们装进囚笼里，尔后慢慢地拉紧链条，把我们困死在笼子里面。日军的囚笼政策真的是非常狠毒啊！我们不仅破坏路，并对铁路公路沿线的据点进行袭击，能拔除的据点尽量拔除，把柱子、链条、锁统统砸碎，这样就可彻底粉碎敌人的囚笼政策。"

听了彭德怀一席话，大家纷纷发言，左权十分赞同彭德怀的想法，并快速地记下了大家发言的要点，又将彭德怀分配给各部队任务整理成作战命令，递给彭德怀过目。彭德怀严肃地说："朱总司令不在，我们要再三冷静地思考一下，这一仗是否值得打？这一仗的得失如何？大战之前，我们要尽量考虑周密。为慎重起见，作战命令暂时不下发，请左权到一二九师去一趟，当面征求刘伯承、邓小平意见。"

第二天，左权骑上大白马向涉县赤岸村一二九师司令部飞驰，3 个多小时后，左权到了司令部，顾不上喝一口水，用衣袖抹了抹额头上的汗水，向刘伯承、邓小平一口气转达了总部的设想和计划。刘伯承表示说：“这一仗非常必要，它一定要震动全国，震动世界，可以牵制日军进攻重庆、西安，要让蒋介石看看，中国抗战胜利是有希望的，要迫使他继续抗战，国民党中有些人说八路军游而不击，我们要让那些投降派、谣言公司的人看到，八路军在敌后浴血奋战，忠于国家忠于民族，忠于人民解放事业。抗日的进步势力正在成长，大家要团结一致，争取时局好转。”

邓小平仔细地听完刘伯承的发言，说：“我双手赞成总部设想，同意刘师长看法。”

几天后，八路军近百名高级干部冒着酷暑，策马赶到河北省涉县温村天主教堂，进一步讨论举行大规模交通破袭战计划。会议只开了一天就统一了思想，大家一致认为，为粉碎日军蚕食抗日根据地阴谋，时值青纱帐季节，举行大规模交通破袭战完全必要、非常适时。为了出其不意地打击敌人，彭德怀反复强调各部队要办好 5 件事：一是侦察敌情；二是战前兵力、物资和收治伤员的准备；三是要求做好保密工作；四是组织民众参战；五是教育各级军政指挥员，严肃战场纪律，坚决执行命令。

7月22日上午9点，左权将作战科起草的《战役预备命令》送到彭德怀手中。《命令》规定以正太路为重点，为配合破袭正太路，对其他几条铁路同时破袭。命令还规定直接参加正太路作战的总兵力不应少于22个团，其中晋察冀军区为10个团，第一二九师为8个团，第一二〇师为4至6个团，并于8月10日前完成侦察、粮食、破路器材、部队调动等准备工作。该命令于7月24日以“十万火急”之绝密件抄送中共中央、中央军委领导人。

8月8日，总部以“朱彭左”名义，发布正式作战命令。命令规定：晋察冀军区破袭石家庄至阳泉段正太线，重点在阳泉至娘子关段。第一二九师破袭阳泉至榆次段，第一二〇师破袭平遥以北同蒲线及汾（阳）离（石）公路，以重兵置于阳曲南北，阻敌向正太线增援。命令要求各部相机收复日军占领的据点。命令“限于8月20日战役开始”。

总部的一系列命令下达后，华北各抗日根据地军民很快被动员起来，参战部队迅速掀起练兵爆破热潮。从总部到各师、旅、团，都派出人员到铁路、公路沿线侦察敌情和地形。侦察人员有的化装后深入虎穴，到敌人交通线两侧村庄、大小据点去实地侦察，有的还乘上正太线的列车，把沿线敌人碉堡、地堡等工作情况掌握得清清楚楚。

8月20日，八路军总部所在地上空乌云密布，天气闷热异常，一场暴风雨就要来临。总部作战室内弥漫着紧张的气氛。左权到各科室检查落实情况，作战科专门为这次战役准备的“战斗日记本”已经打开，所有的无线电台（包括情报台，对外称新闻台）、译电和有线电话，都编组好轮流值班的顺序，以保障战斗指挥和联络的顺畅进行。

1940年8月20日20时整，一颗颗红色信号弹腾空而起，划破了夜空。八路军各路突击部队犹如猛虎下山，迅速扑向敌人控制的铁路沿线的据点、车站、桥梁、碉堡。雷鸣般的爆炸声、震耳欲聋的枪炮声、指战员的喊杀声及参战群众的欢呼声，一处接着一处，响彻整个华北上空。正太路、同蒲路、白晋路、平汉路、津浦路等华北各主要铁路和公路干线先后燃起了战火，百团大战由此揭开了序幕。广袤苍茫的华北大地上，到处闪现着广大抗日军民活跃的身影。一根根电线杆倒下了，一段段铁轨被搬走了，一座座桥梁、隧道坍塌了，一个个据点、碉堡灰飞烟灭……

整整一夜，左权和彭德怀没有离开过作战室，一份份捷报传到了八路军总部。刘伯承首先报捷：陈赓旅攻击寿阳西南之芦家庄，连克碉堡4座，全歼守敌，完全占领车站，并将车站以西10里内的铁道、桥梁全部破坏。

紧接着，值班参谋又送来了杨成武部的报告，他们向正太路井陉、娘子关段猛攻，破坏了乏驴岭、北峪、地都等据点，歼守敌200余名。据点段内铁路、桥梁、隧道、碉堡、电线等被破坏。井陉煤矿已被我方占领，歼敌百余人，解放工人2300多人，矿井机器全部炸毁；郭天民部正猛攻娘子关，正太铁路陷于瘫痪。

“真是太好了，进展太神速了！”左权边用红笔在地图上标明各部队进军的路线和消灭敌人的情况，边兴奋地对彭德怀说，“这场好戏开始了！”

不一会，贺龙的战报也到了，他报告说，张宗逊旅全歼静乐东之康家会守敌，毙敌200余人，俘日兵10余名，缴获甚多……

第二天早上，左权兴奋地向彭德怀报告，已攻克日军据点150个，破坏铁路1000余里，公路500余里。

彭德怀诧异地说：“发起战斗到现在不到10个小时，战果却如此惊人，你马上通知作战科，要他们统计一下参战兵力。”

左权到了作战科，向王政柱传达了彭德怀的要求。左权见王政柱桌上有算盘，就拿起算盘说：“王科长，你念各单位报来的参战兵力，我来计算。”王政柱便手拿电报念了起来：正太路30个团，平汉路卢沟桥至邯郸段15个团，同蒲路大同至洪洞段 12 个团，津浦路天津至德州段 4 个团，汾(离)军(渡)公路 6 个团，德石路 4 个团，北宁路 2 个团，平绥路 2 个团，沧石路 4 个团，德石路 4 个团，邯郸至济南公路线 3 个团，代县至蔚县公路段 4 个团，北平至大同公路线 6 个团，辽县至平顺公路线 3 个团，宁武、岢岚、静乐公路线 4 个团，再加上其他部队共计 105 个团，参战兵力总计 22 万人，参战民众 200 万。

计算完毕，左权立即向彭德怀报告，彭德怀面露喜色乐呵呵地说："105 个团啊，那就叫百团大战吧。"左权拍手说好，说这个名称很响亮。

骄狂的日军受到突如其来的沉重打击，惊恐万状，束手无策，电线杆被推倒，日军据点上下左右间的联络中断了。21 日，驻太原的日第一军团司令部中将司令官筱冢义男一天一夜没接到上下单位电报电话，不知发生了什么情况，只好派通信部长小岛坐飞机侦察。小岛坐上飞机出了太原城向东飞去，只见地面烟雾弥漫，火光闪烁不断，爆炸声不绝于耳，从太原至石家庄的铁路成了火龙，沿线据点冒着火光，从飞机上看下去，就像一支支被点亮的蜡烛在燃烧。他又飞到寿阳、阳泉上空，情景一个样。筱冢义男接到他的侦察报告，又综合来自各方面的情况，明白原来是八路军发动了大规模的交通破袭战。

冀中军区第 17 团一部出击敌后，在定县据守村落向敌射击

百团大战分 3 个阶段，8 月 20 日至 9 月 10 日为第一阶段。这一阶段的战果：正太路及沿线车站、桥梁、据点等大部被破坏。同蒲、平汉、津浦、德石、白晋等铁路及其他公路也已被截断。日军华北交通线陷入瘫痪。这一阶段还消灭了敌军有生力量，打乱了敌人部署，日军锐气顿减，小据点开始向大据点合并，缩小了敌占区的范围。

9 月 16 日，左权起草、彭德怀签发了第二阶段作战命令，要求第一二〇师以截断同蒲路北段交通为目的；冀中、冀南部队打击敌寇修筑沧石路、德石路、道济路为目的；晋察冀军区破坏涞灵公路，夺取涞源、灵丘两城；第一二九师重点攻击榆社至辽县公路，收复榆辽两城。

9月22日起，各部相继发起战斗。晋察冀军区以8个团、3个游击支队、两个独立营组成左、右翼队和预备队，右翼队攻击涞源城时，由于缺乏器材，加上日军顽抗，经通宵激战，未能得手，便转为扫除涞源外围日军据点，还攻占了三甲村、东团堡等10余个据点，接着配合左翼队攻占南坡头、抢风岭、青磁窑等日军据点。第一二九师发起榆辽战役，攻占榆社城，歼敌400人……在冀南，第一二〇师对同蒲铁路北段进行新破袭，再度切断了该线交通，冀南军区对德石铁路、邯（郸）济（南）铁路及一些重要公路进行破坏，作战105次，歼日、伪军1700余人……

日军遭到八路军连续攻击，惊呼损失巨大，对八路军战斗力开始重新认识，为稳定局势，巩固占领区，调集了重兵对华北各抗日根据地进行残酷的报复性“扫荡”。10月19日，左权起草、彭德怀签发第三阶段反“扫荡”作战命令，要求各抗日根据地军民广泛开展游击战，粉碎日军的“扫荡”。10月下旬，第一二九师在左权、彭德怀直接指导下，在武乡关家垴地区将日军冈崎大队500余人包围，歼其 400 余人，并给辽县增援之敌沉重杀伤，极大地打击了日军的嚣张气焰。其他各部也取得了反“扫荡”胜利。

12 月 5 日，彭德怀宣布百团大战结束。百团大战毙、伤日军 20645 人，伪军 5155 人，俘日军 281 人，伪军 18407 人。

捷報

我總攻正太同蒲平漢鐵路

勝利展開百團大戰

捷報紛傳已切斷正太全綫

包圍陽泉攻克井陘新礦

百团大战捷报

百团大战是在世界反法西斯战争的低潮期，中国抗战面临困难、妥协投降空气甚浓形势下进行的。这一战役的胜利如春雷炸响，举国欢腾，军民抗战信心大增，蒋介石致电朱德：“贵部窥此良机，断然出击，予敌甚大打击，特电嘉奖。”此战规模中国抗战以来前所未有，在世界范围内，也称得上反法西斯阵营中最先发起的战役大反攻。

一位诗人赋诗赞颂道：

晴天霹雳太行头，万里阴霾一鼓收。

朱彭左运筹此役，竟扶危局定神州。

第五章　浴血太行

指挥黄崖洞保卫战

平型关大捷后，八路军名扬天下，山西青年纷纷要求参军打鬼子。但新兵到部队没枪，焦急地问连长为何不发枪，连长无奈地回答说，八路军自己不会造枪，要枪只有靠自己上战场从敌人手里夺。新兵赤手空拳从敌人手里夺枪十分危险。1939 年八路军发展到 27 万人，名义上被称之为“国民革命军”，但蒋介石却不给他们发枪发子弹。

后来，八路军总部为适应部队发展壮大的形势需要，成立了军工部，各师相继有了修械所，总部也在山西榆社县辅庄成立了拥有 500 人的修械所，在辽县梁沟办起了小型军工生产基地。然而因缺乏经验，规模小，每月也只能生产三五条枪，特别是当时拉锯战多，敌人来工厂必须搬家，工人们只能“背着工厂”打仗，严重影响产量和质量。朱德为这事伤透了脑筋，他同左权商量，能不能找个很隐蔽的地方建造一个有一定规模的兵工厂，减少流动性，既可保障产量和质量，又可保护兵工厂的安全。

左权立即行动，带着警卫员白天黑夜地从这个山头跑到那个山头，跑遍了黎城、武乡、辽县的十几座山，最后确定选择了黎城西北的黄崖洞作为兵工厂的厂址。并将黄崖洞地形及新建兵工厂的位置画成图，带回总部，向朱德、彭德怀汇报。

左权打开图纸，汇报说：“黄崖洞地处黎城、武乡、榆社3县交界处，这里崇山峻岭，有不少千年的溶洞。我们选择这里，理由是外界通向黄崖洞的路很少，这里极其隐蔽，而且，这里经常有野兽出没，连采药的人和猎人都不敢涉足。”

黄崖洞战场遗址

朱德问：“这黄崖

洞在黎城和榆社的县志上有记载吗？”

左权答道：“有的，榆社县志上说，这里俗称瓮圪廊，军事上叫南口，纵深千米，行曲回环。沿着黄崖洞左侧的山脊往上走，可达制高点跑马站、桃花寨。再往里走，就是一座两面对峙的天然石台，一道飞瀑从七八丈高的石墩上飞泻而下，隔绝去路。这一带村民都说听说过有黄崖洞这个地方，但没人去过那里。”

朱德说：“办兵工厂选址是大事，我不能靠听汇报，必须实地考察。”

第二天，晨曦初露，左权带着警卫员陪同朱德，来到黄崖洞山顶，仔细观察了一会，又到了半山腰的黄崖洞。朱德双手叉腰，环顾四周后说：“在山上看，这山并不大，在半山腰看，却看不到头，你觉得这洞能藏多少人呢？”

左权之前观察得十分仔细，他说：“这洞有 1000 米长，能藏 500 多人，这里的地形适合山地防御阵地。第一，从东进入南口，两翼有悬崖峭壁作依托，敌人进攻不可能迂回；第二，正面有断桥，是阻挡敌人的天然屏障；第三，黄崖洞外有一个开阔地，视野开阔，便于观察敌情；第四，这里只有一条路到通向武乡。我们在洞外 10 里之内部署伏兵，可以巧借地形歼灭来犯之敌。”

朱德又问：“你考虑厂房建在哪里？有多大面积？”

左权手指不远处说："就在那里，工厂面积约有 6000 平方米，可造 12 栋厂房，建筑材料就地取材，用石块当砖，用树木当柱。最大的钳工房 1000 平方米，两层结构，楼下生产，楼上住人。"

正说着，不知道什么时候赶来的彭德怀站在左权的背后插了一句："这地方好是好，但是部队发展快，需要枪支弹药的量很大，建厂和投入生产的速度越快越好，你考虑过需要多长时间吗？"

左权说："这个我和军工部研究过，估计厂子在半年内能建好。"

彭德怀走到左权面前，伸出大拇指说："我只知道你有军事理论，能指挥千军万马打仗，想不到你还是一位蛮不错的建筑设计师哩！"他又说，"我最担心的是敌人会来破坏，你有具体的保卫措施吗？"

左权指着一条小路说："这里是通向外界的唯一一条小路，我准备在这条路上部署一个特务团，前松后紧，每隔 200 米放一个连兵力，不行就放一个营也行，洞口配 5 门炮和 10 挺机枪，还有洞口做一座活动的吊桥，平时放下接通内外，战时吊起来路断崖断，日寇纵有千军万马也难进一寸。"

朱德十分满意，说："就这么定了，半年后我来看你们造出来的第一支枪!”

接着,左权和军工部的领导亲自带领工人来到黄崖洞,开始建兵工厂。左权和工人们吃住在工地上,半年的艰苦奋斗,一个初具规模的兵工厂在黄崖洞建成了。在两平方公里的厂区,建了 12 栋厂房,安装了车床、锯床等机器装备 40 多部。每天有 700 多人在厂里忙碌着。开工后,生产步枪、掷弹筒、刺刀、手榴弹、地雷等武器,成为华北八路军最大的军火生产基地。

1940 年初,黄崖洞兵工厂制造出第一批步枪。这年,朱德总司令 55 岁,故定名为五五式步枪。随后又制造出七九式、八一式步枪了,最高月产达到 430 支。朱德再次来到黄崖洞,听到轰隆隆的机器声,看到工人们忙碌的身影,工厂内一片兴旺繁忙的景象,喜上眉梢。他来到装配车间,端起一支新枪,三点一线举枪瞄准,击发,然后对左权说:“八路军能打仗,现在又能造枪了,这唯一的兵工厂,是我们八路军的掌上明珠啊!”朱德还询问起兵工厂的警卫措施,左权都向他一一做了汇报。在朱德、彭德怀的关注下,由总部炮兵团团长武亭率领特务团三营进驻黄崖洞,后来,又将特务团调来。左权带着武亭和特务团团长欧致富,经常边走边讨论研究保卫兵工厂的措施。

在左权的精心策划下,黄崖洞四周划为 6 个守备区,每个守备区有责任人，前后左右都预设了阵地，基本上以地堡为主，配有投弹所、堑壕、交通壕，形成前后、高低、明暗、直射、侧射、斜射、倒打、交叉、短兵火力等多层火网。还在通向外界的道路旁埋了拉雷、踏雷、绊雷、子母雷、滚雷、吊雷、碗雷、锅雷等地雷网。在左权的指导下，各守备区进行了多次演练.

彭德怀为了兵工厂的安全，于 1941 年来黄崖洞视察。这天，左权陪着他走遍了黄崖洞的山梁沟岸，边走边汇报保卫措施，手指着黄崖洞前方说："那是防御的主要方向，配备了一个团兵力，阵地编成多层交叉火力网……"

黄崖洞兵工厂生产枪炮子弹，果然引起了日军的惊恐不安，情报部门派出便衣特工，化装成采药的、砍柴的、做生意的、迷路的，日日夜夜在黄崖洞附近转悠，收集情报。为了显示侦察成绩，他们汇报时添油加醋，夸大其词，如日本的许多报纸上就报道说，八路军黄崖洞兵工厂拥有 3000 余人，有留洋的兵工专家和世界最先进的设备，是中国屈指可数的大兵工厂等不实报道。

这些报道令日本大本营高官们坐立不安，指令日军华北方面军司令官冈村宁次要不惜一切代价，集中兵力炸毁黄崖洞兵工厂。冈村宁次发动了为期 22 天的"捕捉奇袭"扫荡，指挥第三十六师团第二二二联队、独立混成

晋察冀军区某部埋伏在“青纱帐”里，准备出击

四旅团、第九旅团的津田、安尾、青柳等 3 个混成步兵大队 5000 余人，在飞机掩护下，兵分多路，奔袭黄崖洞兵工厂。

八路军总部获悉此情报后，于 11 月 7 日派左权带着指挥班子和电台，由武军寺来到黄崖洞以东小塞岭开设指挥所，指挥黄崖洞保卫战。当晚，左权打电话给特务团团长欧致富，告之以敌情，要求特务团及其他部队严阵以待。

11 月 8 日，几天前抵达黎城的日军葛目直幸大佐采用声东击西办法，指挥部队先佯装攻打涉县，至石门、五十亩一带，又突然掉头向北虚晃一枪，再向黄崖洞扑来，抢占了山下的赤裕村后隐藏起来。9日凌晨，天上还布满着星星，葛目直幸率部急袭南口，不料踩响了一大片地雷，顿时火光四起。埋伏在两边的战士们将敌人当着活靶子，一枪一个，鬼子一个接一个地纷纷倒地，战士们别提有多兴奋，觉得这样打比打靶过瘾，太痛快了。日军3次进攻也没能前进一步，丢下一大片尸体，仓促收兵。

葛目直幸一计不成又生一计，又指挥重炮、山炮、迫击炮，对南口阵地轰击。战士们挖了猫耳洞，炮火一来，就隐藏在猫耳洞里，炮火袭击之后，立即出来抵抗。敌人以步兵火力射击，并以数百只山羊开路进攻，奇怪的是山羊踩上地雷区，地雷没有爆炸，而步兵经过地雷阵时，地雷威力大发，个个起爆，顿时将日军炸倒一大片。葛目直幸恼羞成怒，却也无可奈何。无奈之下，他指挥以密集队形向南口猛扑，战士们这次打得更过瘾，这次日军是密集队形，战士们几乎不用瞄准，一枪一个，枪枪命中。日军尸体堆积如山，南口阵地前血流成河。

日军数十次进攻均以失败告终后，又采用了“点面结合”战术，对我发起进攻。从黎城调来了1000多援军，先集中兵力夜袭南口、西南椏口、桃花寨等地，造成决战态势，以此迷惑我方，两小时后集中兵力攻击跑马站，在不足100平方米之内扔下了300发炮弹，企图炸开一个缺口，打进洞内。敌人炮击后，派出60个士兵，以方阵式冲锋，几乎同时，日军向核心阵地攻击，战士们英勇还击。就在黄崖洞危急时刻，彭德怀指挥陈锡联部袭击东阳关、赵店，攻入城内，直接配合黄崖洞战斗，第一二九师其他团相继准备增援。日军再次改变了战术，集中兵力攻入城内，士兵一波接一波地向前冲，并以毒气、燃烧弹开路，坚守阵地的战士伤亡很大，但战士们誓与阵地共存亡，排长王根喜身负重伤之下，仍坚持甩手榴弹，仅他一人就歼灭了70多个敌人。

伏击战中击毁的日军汽车

左权在指挥战斗同时，还指挥兵工厂撤退迁移。16日得知工人和机器撤完后，命令特务团迅速撤出战斗。当日军涌进黄崖洞时，踩响了地雷阵，天上又掉下无数空雷，这是左权指挥工人、战士在撤退前摆的“礼炮”，日军死伤大片，只占到一个空洞，只得气急败坏地撤退。这时，彭德怀、刘伯承指挥4个团兵力在日军回撤途中伏击，敌人又死伤无数，左权又指挥特务团尾追，又歼敌一部。

战斗结束后，左权统计战果，不足1000人的特务团与日军激战8昼夜，毙敌1000余人，我军伤亡166人，创造了以少胜多的模范战例，左权向特务团宣读了总部的嘉奖通报，授予特务团“黄崖洞保卫战英雄团”称号。

率部突围牺牲

因百团大战日军损失很大，华北方面军司令官多田骏因此被撤职。日军视八路军为心腹之患。新任华北方面军司令官冈村宁次为了报复，曾数次派兵围剿八路军总部和一二九师，都成泡影，但仍不甘心。1942年5月中旬，彭德怀、左权得知冈村宁次调集了2.5万余兵力，对八路军总部和抗日根据地疯狂“扫荡”。一二九师师部在赤岸会里村，与总部驻地麻田镇相距不远，左权电话通知一二九师参谋长李达到总部研究如何对付敌人的“扫荡”。李达赶到后，向彭、左二人汇报了前一阶段反“扫荡”的经验。然后，他们谈到了冈村宁次此次又调集2.5万人扫荡的消息。彭德怀说：“看来敌人把我们的人海战术学去了，对我们采取铁桶战术，集中多于我数倍甚至十倍的兵力围攻我们，为了打破敌人的铁桶战术，请左权根据李参谋长介绍的经验，拟几条原则性意见，作为指示下发到部队。”

小贴士

冈村宁次：侵华战争主犯。1884 年 5 月 15 日生于东京，先后就读于日陆军士官学校、陆军大学，曾参加日俄战争和第一次世界大战。1917 年在驻华武官处工作。1919 年回国供职陆军参谋部，研究中国情报。后参与日本侵华战争，1941 年为华北方面军司令，率部对抗日根据地实行烧光、杀光、抢光的“三光”政策。1944 年 11 月任侵华派遣军总司令，1945 年 9 月率部投降。1966 年 9 月 2 日死于东京。

左权事先就知道了日军要再“扫荡”的消息，在李达讲话时，他边听边记，彭总要他办的事一说，他就将破解问题指导反“扫荡”的文件稿写好了。他写的草稿内容是：

一、日军此次扫荡重点是八路军高级机关和根据地的集体资财，要求各部队机关必须精简，精简后的机关按班排编成战斗队。资财要妥善隐藏好。二、部队及机关一旦被围，指挥员要沉着冷静坚定，指挥部队和机关从薄弱环节中突围出包围圈。三、在日军合围之前，要组织若干小分队在可能合围的路上埋伏好，一旦被围，立即冲出包围圈，并与圈内的部队协同好，内外结合狠狠打击敌人，这是最最理想的一招。四、要设立秘密情报通信机关，积极搜集和传递情报，组织便衣队打击日军便衣队，除掉日军耳目。五、各根据地党政机关和部队，要对部队、群众进行气节教育，被包围或被捕，不要丧失立场，要灵活地与敌人斗争。

彭德怀看后，点头称好，说："左权，你马上把这 5 条发给各部队传达执行。"

5 月 20 日后，侦察员不断跑来向左权、彭德怀报告敌情，说这次日军"扫荡"特别挑选受过专门训练的特务，组成了"特别挺进杀人队"，对外称"挺身队"，其任务是专门刺杀邓小平、彭德怀、左权、罗瑞卿、刘伯承等八路军的高级将领。他们行动前化装成老百姓或八路军，夜行昼伏，刺探军情和八路军高级干部的行踪，每小时用电台或报话机向上级报告，一旦发现重要目标，便呼叫要求派重兵围攻。

5月22日早晨,侦察员跑来向左权报告,在总部不远处发现十多个形迹可疑的人,还用电台不时呼叫:"我是总部,我是总部……"左权结合近来不断收到冒充八路军总部的电文,判断出敌人的大队人马已经逼近总部了,情况不妙!他立即向彭德怀报告这一情况。彭德怀也预计到总部已被日军盯上了,对左权说:"敌人大部队快来了,你通知电台停止工作,断绝对外联系。"说完想了想又对左权说,"你赶快到侦察科去,10分钟内把敌情确实搞清,15分钟后,在耶稣教堂内召开各部门负责人会议,研究突围问题,1小时后,总部机关、北方局、党校立即分头转移。"

不到10分钟,左权就把敌情搞清了,他匆匆赶到耶稣教堂内,彭德怀和各部门的负责人都已在此等候,左权拿着一根小树棍指着图,严肃地说:"冈村宁次坐镇保定,第一军司令官岩松义雄坐镇潞安,他们指挥独立混成第三、第四旅团和协同作战的第一一〇师团的独立混成第一、第八旅团,从东面、北面,第三十六师团从西面、南面构成合击圈。他们正在合击圈内寻找我总部。5月19日,敌人以为我总部在测鱼镇,就连续袭击测鱼镇。扑空后,以为我总部在松烟、拐儿镇,又配合长治、武乡、辽县之敌袭击松烟、拐儿镇。再次扑空后,今天下午就向我总部驻地麻田镇袭击。现在我们已被包围了,情况就是这样，下面就请彭总讲话。”

彭德怀面色严峻，大声地说：“同志们，估计敌人最近要大‘扫荡’，但没估计来这么快，现在敌人像洪水般地涌进来了，我们总部机关和供给部、军工部、北方局、党校、新华分社，还有后勤的被服厂、鞋袜厂、制革厂、肥皂厂、编织厂等等，加起来万把人。这么多人中不少人都是手无寸铁，不要说打仗，就是跑也跑不掉了。这么多机关和工厂怎么办？天天讲精简，一个人也没减掉。”他打住话头，挥挥手说，“现在讲这些都没用了，现在我宣布机关和工厂组成突围编队，左权指挥警卫连保护总部司令部机关转移，罗瑞卿指挥政治部警卫排保护政治部机关、文工团、新华分社转移，杨立三指挥后勤警卫连、运输连负责供给部、卫生部、军械部、军工部和杂七杂八的工厂转移，杨秀峰负责北方局、党校转移。现在敌人合围的薄弱环节没找到，具体突围路线等转移到南艾铺、高家坡一线再决定。现在散会！”

会议结束后，北方局、总部机关和下属单位近万人，在总部警卫连的拱卫下向南艾铺、高家坡一线转移。人多加上 1000 多骡马资财，7 小时才走出 20 多里。24 日清晨，在虎头山与沿漳河赶来的日军遭遇，左权指挥警卫连扼守虎头山，仅仅 200 人的警卫连，抵御着两千余敌兵。敌人开始对八路军兵力还不摸底，怕打不过，便用电台呼叫派兵增援。25 日敌大批援兵涌来，上午 10 时，北方局、总部机关等单位转移到南艾铺、高家坡一线的山沟，突然四面响起了激烈的枪声。这时，日军采取了“张网捕鱼”“纵横合击”的战术，构成了里三层外三层的包围圈，并逐步压缩包围圈。不一会，飞来七八架飞机，在高家坡上空频频丢炸弹，几十门大炮和近百挺机关枪同时开火，一时间，炮声隆隆，浓烟滚滚，每一发炮弹爆炸都炸倒一大片，彭德怀在高家坡凹地召开紧急会议，宣布开始突围，命令左权率总部司令部和北方局机关为一纵队，沿清障河以东向北突围，罗瑞卿率政治部、党校、新华分社为二纵队，向东南突围，杨立三率后勤机关和几个工厂人员向东北角突围！

这时，烟雾弥天，分不清天地，也不知哪个方向能突围，一些人东张西望，左权大声说：“同志们，突围开始了，大家赶快走！”这时，几发炮弹打过来，又有一批人倒在血泊中。处处有枪炮声，四面有鬼子。人群一会儿朝东一会儿朝西，彭德怀随着人群来到十字岭。这时“咣咣”两声，两发炮弹在彭德怀附近爆炸了，巨大的气浪将他掀倒了，作战科长王政柱跑来将他扶起，彭德怀刚站稳，又打来一发炮弹，气浪再次将他掀倒，左权远远地看见彭德怀爬起来又倒下，急忙奔过来对王政柱说："王科长，彭总就交给你了，你要设法保护他突围出去！"转身又对彭德怀说，"彭总，过去我一直服从你的命令，现在我负责机关突围，你要服从我的命令，你的转移不是你个人的事情，是整个八路军的大事，只要你突围出去，就代表总部突围出去了，这里我负责！"

彭德怀摇摇头说："乱弹琴，在总部最危急的关头，我怎么能一个人走！"

左权见彭德怀坚持不走，又见警卫员唐万成走过来，严肃地命令道："唐万成，你应该知道怎么保护彭总吧，还不快叫人把他扶上马！"唐万成不管彭德怀愿意不愿意，向周围几个战士一招手，几个战士七手八脚地把彭德怀抬上马，唐万成手一挥："连人带马给我一起推！"彭德怀身不由己，回头看了左权一眼，挥起马鞭，冒着炮火，从熊熊大火中冲出了重围。

左权目送彭德怀走远后，奔向总部机关的人流中，他见机要员罗键跌倒后躺在地上昏迷不醒，就上前扶着她走，来到山腰后，发现机关很多人正在这里休息。他环顾四周，发现此处是低凹处，敌人的炮弹打不过来，左权来到人群中，清点人数，发现丢失了 5 部电台和 1 箱文件。左权觉得电台太重，很难抬得动，便放弃寻找。但丢失的

1箱文件中有总部与中央来往的电报和许多绝密文件，落入敌人手中后，后果不堪设想，必须要找到，他派自己的警卫员郭树保去找，而郭树保强调他的责任是保护左参谋长，这是朱总司令平时一再交代的硬任务，不肯去寻找文件。左权说：“党的文件比我们的生命还重要，一定要设法找到，不能落入敌人手中。”

小贴士

“扫荡”与反“扫荡”：抗日战争时期，日军为巩固扩大占领区，对抗日根据地采取“分进合击”“铁壁合围”“捕捉奇袭”等形式，不断“扫荡”，并实行烧光、杀光、抢光“三光”政策。八路军、新四军针锋相对，空舍清野，广泛开展游击战进行反“扫荡”。用地雷战、地道战消耗敌人，同时采用“诱敌深入”、内线与外线相结合的方法，歼灭敌人有生力量，粉碎敌人一次次“扫荡”。

郭树保在左权再三命令下，只得离开左权去寻找文件箱了。太阳偏西，左权继续组织指挥大家突围，突然“轰！”的一声，一发炮弹在左权身边爆炸，他仰面倒下了。

3个战士向左权扑去，嘴里喊道："参谋长，参谋长！"哭喊声惊动了李锡周、穰明德、李克林3位党校学员，他们跑过来，一摸左权的鼻孔没气了，流着泪，用毛巾将左权胸部、腿部、额头的血擦干。穰明德从左权身上取下左轮枪，又从路边捡了一个草黄色背包，把背包打开，覆盖在左权身上。3个人默默地将遗体安放在一堆灌木丛中，再在灌木丛上面盖满了青枝绿叶。

突围战斗持续了3小时，一部分人牺牲，一部分人被俘，一部分人冲出包围圈，找到了一二九师师部。

至今还传颂他的故事

左权牺牲后，党校的穰明德、李锡周、李克林3人突出重围，几经周折在南山村找到了总部作战科长王政柱，将左权的手枪交给他，听到左权牺牲的消息，所有在场的人都哭成一团。王政柱将枪转交给彭德怀时，彭德怀难过得背过身子，望着窗外一动不动。后来，总部派战士利用日军撤兵的间隙返回十字岭，从老百姓手中买了一具棺木，将左权的遗体就地掩埋了。

左权壮烈牺牲时，年仅37岁，噩耗传来，全党全军悲恸。几乎所有党内军内领导人都题诗撰文纪念他。周恩来撰文，称他是“有理论修养，同时有实践经验的军事家，足以为党之模范。对于抗战事业，真是一个无可补偿的损失。”朱德赞誉他是“中国军事界不可多得的人才”，并赋诗一首《吊左权同志在太行山与日寇作战死于清漳河畔》：“名将以身殉国家，愿将热血卫吾华。太行浩气传千古，留得清漳吐血花。”轻易不动笔不动情的林彪为纪念左权，写了一首长达百多行的抒情长诗《悼左权同志》，以“凌霄”笔名发表在 1942 年 6 月 19 日的《解放日报》上。聂荣臻撰文《祭左权同志》写道：“我素以铁石心肠自诩，然而今天，毕竟好似无数针尖深深刺入我的心头！这就是我们的老战友、八路军的名将——左权同志战死在太行山上！我永远记得，我们带病相扶，翻过从未遭遇过的雪山——危险的夹金山；我记得，炎夏西征，一片黄土，无树可荫的甘宁边，曾经渴饮苦盐水，战斗在三边沙漠近地，我们共同作息在那不能伸膝的土炕上，烧着羊粪以御塞外寒风；我永远记得，在任何残酷场合，不曾见你有过畏缩，在任何困难的境遇，亦不曾见你低过头。你受过中外长期的军事理论教育，经历对内对外的丰富战场生活，你不仅是我军的优秀将领，而且是全中国不可多得的军事人才，你是我们军中模范，尤其是我们军中的参谋工作者永远的榜样。”

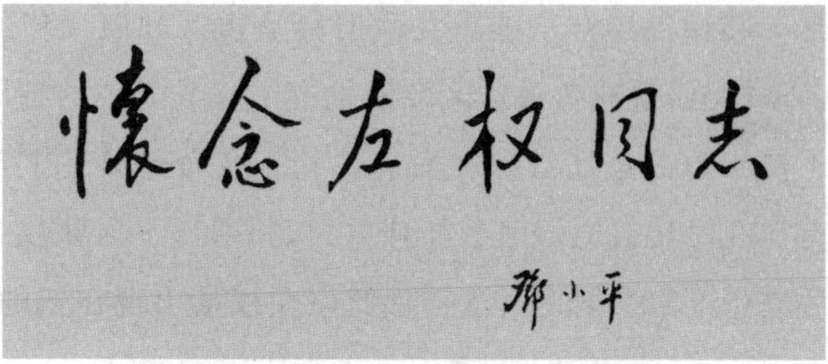

1980 年 5 月，邓小平题写“怀念左权同志”

中共中央北方局和八路军野战政治部于 1942 年 6 月 24 日公布《关于追悼左权同志的决定》。决定说：“左权同志为我党优秀军事家之一，为中国革命事业尽瘁一生，对坚持华北敌后抗战，有其不朽功绩。为表彰忠烈，以慰英灵，太行区党政军民已进行筹备，并定于 7 月 7 日追悼大会。”决定号召八路军全体将士“应学习左权同志革命精神，继承他的遗志，为中华民族与中国人民解放事业奋斗到底”。

在太行、晋察冀、冀西北、冀鲁、平西、鲁西南，“为左权将军报仇雪恨”的口号，成为抗日军民的共同誓言。泪雨化作弹雨，仇恨化作刀枪。“此日三军同痛哭，河山誓死逐强梁”。

9 月 18 日，辽县党政军 5000 余人在县政府所在地西黄漳，举行辽县改名左权县的命名典礼大会。在此之前，辽县干部和各界群众要求县政府转呈边区政府，将辽县改名左权县，晋冀鲁豫边区政府批准了辽县人民的请求，派了授印委员至辽县参加命名典礼。在命名典礼上，当场有 500 民兵自愿报名参加独立营，并举行了入队仪式，会后进行了实弹射击。辽县从此以左权县出现在新的版图上，引起了中国以至世界反法西斯人民的注目。

10 月 10 日，党政军民 5000 余人在涉县石门集会，公葬左权将军暨革命烈士。葬仪由八路军副参谋长滕代远主持进行。边区政府主席杨秀峰亲自为左权将军盖完基石，共产党代表李大章、临时参议会副议长邢肇棠、边区政府民政厅长李一清、一二九师师长刘伯承和各民众团体代表为墓地掩盖黄土。

左权纪念塔和陵墓建在石门清漳河边，塔身镌刻着彭德怀撰写的《左权同志碑志》。太行人民为永远怀念将军，并谱写了一曲脍炙人口的《太行将军之歌》，“将星陨落，楷模千古……”

1949 年解放军渡江南下，朱德命令所有入湘部队都要绕道左权家乡，看望他母亲及家人，第一批是第四十军的指战员们，由罗舜初军长带着一个骑兵连，来到湖南醴陵北乡黄猫岭看望左权母亲，不几天又来了第二批、第三批……

1950 年 10 月 21 日，河北省邯郸市隆重举行左权移葬、晋冀鲁豫烈士陵园落成典礼。中央人民政府政务院、解放军总政治部、华北军区、河北省及邯郸市各机关、各界人民代表 5000 余人参加了祭典，左权的灵柩由涉县石门村东运抵邯郸市。中央人民政府、总政治部、第二野战军、北京军区等单位代表及烈士家属等参加了迎灵柩仪式。烈士陵园面积为 3020 亩，陵园周围高悬着国家和军队领导人的挽联、挽诗。墓正面是左权的半身雕像，墓碑由周恩来亲笔书写的“左权将军之墓”，墓碑后面刻着周恩来 1942 年 6 月写的《左权同志精神不死》一文节录，东面石碑上记有朱德总司令写的《吊左权同志》一诗，西面

河北省邯郸晋冀鲁豫烈士陵园中的左权墓

石碑刻着彭德怀副总司令撰写的《左权同志碑志》。左权纪念馆由徐特立题写馆名，馆内陈列着左权各个时期的遗像、遗物和遗作，反映了左权光辉的一生。左权遗著30多万字，有《开展反对敌人蚕食政策的斗争》《论我军后勤建设》《战术问题》《论坚持华北抗战》等。

小贴士

晋冀鲁豫烈士陵园：在邯郸市中心，1946年3月晋冀鲁豫边区参议会，为纪念八路军前方司令部、政治部、晋冀鲁豫军区及一二九师牺牲之烈士，动工兴修，1950年10月21日举行陵园落成典礼及移葬左权烈士仪式，陵园安葬200余名革命烈士，其中有左权和北方局书记张兆丰，战斗英雄赵享德等烈士。纪念塔镌有毛泽东“英勇牺牲的烈士千古”题词。

1951年11月1日，中央人民政府主席毛泽东专程来到晋冀鲁豫烈士陵园，在左权墓前脱帽致哀。每年清明节，北京市、河北省及各地都有人来瞻仰凭吊祭扫。

1997年军事科学出版社出版的《中国军事百科全

书》，将左权列为中国人民解放军36位军事家之一，并有左权的生平事迹。

新中国成立后，八路军总部机关人员和警卫人员分布在全国各地，他们时常返回山西同左权当年一起战斗过的地方，与老百姓回忆左权同志的英雄事迹。

左权是一个永远光辉的人，他永远活在人们心中。

参考书目

1. 军事科学院军事历史研究部编著:《中国人民解放军战史·第二卷》,军事科学出版社,1987 年版。

2. 王孝柏、刘元生著:《左权传》,人民出版社,1990 年版。

3. 刘伯承传编写组:《刘伯承传》,中国当代出版社,1992 年版。

4. 聂荣臻传编写组:《聂荣臻传》,中国当代出版社,1994 年版。

5. 中国军事百科全书编审委员会:《中国军事百科全书》,军事科学出版社,1997 年版。